世界上最神奇的
48堂思维课

★ ★ ★

安中玉

编著

北方联合出版传媒(集团)股份有限公司

万卷出版有限责任公司

图书在版编目（ＣＩＰ）数据

世界上最神奇的48堂思维课 / 安中玉编著. -- 沈阳:
万卷出版有限责任公司, 2023.9
ISBN 978-7-5470-6344-6

Ⅰ.①世… Ⅱ.①安… Ⅲ.①思维训练 Ⅳ.①B80

中国国家版本馆CIP数据核字（2023）第147751号

出版发行：北方联合出版传媒（集团）股份有限公司
　　　　　万卷出版有限责任公司
　　　　　（地址：沈阳市和平区十一纬路29号　邮编：110003）
印　刷　者：德富泰（唐山）印务有限公司
幅面尺寸：160mm×230mm
字　　数：215千字
印　　张：15
出版时间：2023年9月第1版
印刷时间：2023年9月第1次印刷
责任编辑：邢茜文
封面设计：韩海静
版式设计：郭红玲
责任校对：张　莹
ISBN 978-7-5470-6344-6
定　　价：59.00元
联系电话：024-23284090
传　　真：024-23284448

前 言

  大多数人认为，成功是由偶然和运气决定的。其实不然，成功是由人们的思维来决定的。每个人的人生都会面临各种各样的抉择，不同的思维会产生不同的观念，不同的观念会产生不同的行动，不同的行动会产生不同的结果。思维的重要性不言而喻。

  爱因斯坦曾说："人们解决世界的问题，靠的是大脑思维和智慧。"可见，思维可以左右人生，思维可以创造一切。甚至可以说，思维是一个人进步的灵魂所在。对于人们而言，解决问题、摆脱困境的最好武器就是大脑，而决胜的关键也在于是否拥有超前的思维。

  有人曾经发出这样的质疑：穷人与富人的最大差距在哪里？也许人们会列出很多因素，比如出身、财富、学识、人脉……从本质上来看，穷人与富人的差距就是思维的差距。富人思维会在困境中看到机遇，而穷人思维则只能看到阻碍自己前进的重重困难。所以，拥有正确的思维，是开拓成功道路的重要动力源。

  心理学家认为，思维是一种复杂的心理过程，是人类最本质的一种资源，也是人类所具有的高级认识活动。它不仅控制了一个人的思想和行动，也决定了一个人的视野和成就。正是社会中的那些思维定律，使人们的生活变得更加有意义。从根本上来说，人们的进步就是由于运用先进的思维定律而取得的。

  比尔·盖茨曾说："人与人之间的差异就看他的头脑和思维。"无论是个人的成长还是企业的发展，都是一个在思考中选择的过程。如果你拥有精彩的思维，就会拥有一个精彩的人生；如果你拥有宏大的思维，就会拥有一个宏大的前途。因为你的思维决定了你的做事方式，也决定了你看待人生的高度。拥有优秀的思维，你才有机会走向成功。

  无论在工作还是生活中，每天都会出现一些错综复杂的问题。拥有正确的思维方式，可以帮助人们修正人生的坐标，最大限度地发挥自身的潜能，并成功冲破生活和工作中的人生困局。不难发现，成功者之所以成功，就在于他们能够不断思考、开拓创新，进而突破人生中的每一个难题并取得成功。

在竞争日趋激烈的社会，各行各业的人们都在不断地开发大脑，总结思维定律，并逐渐形成了一种解决问题、辨别真伪的思维体系。通过运用这些神奇的定律，可以让读者更深刻地认识人性和社会的本质，洞悉成功人生的方略，进一步引发人们更深层次的思考。无数事实证明，如果能够熟练地掌握并运用书中提及的这些思维定律，不仅能让人们掌控自我，事半功倍地完成工作；亦能让人们的思想变得更加深邃，思维更加灵活，从而摆脱逆境，转败为胜……

本书广采博集，囊括了流传最广、影响最大的经典定律，其中包括蓝斯登定律、卢维斯定理、刺猬理论、鲦鱼效应、雷鲍夫法则、洛伯定理、斯坦纳定理、费斯诺定理、牢骚效应、避雷针效应等48个思维定律、效应和法则，将其划分为素养、统御、沟通、协调、指导、组织、培养、选拔、任用、激励、财富、预测等19种类别，并结合一些现实案例和心理学案例，详尽地探讨了每一种思维定律、效应和法则的内涵及其应用之道，深入浅出地阐述了心理学法则给人们带来的启示，以指导人们在工作和生活中更好地趋利避害。

这些神奇的定律、效应和法则等，有着极为深刻的思想内涵，可以改变人们的命运，使人们获得巨大的成功。这些思定律风靡全世界，无论做人还是做事，只要掌握了这些定律，我们便能抓住人际交往的要诀，扩大自己的人脉。同时，人们也可以借机开拓市场，赢得商业机遇，赚取更多的利润。

每个人的心里都有一个属于自己的梦。要想梦想成真，就必须具备丰富的知识和经验，掌握这一领域的思维定律。这些思维不仅可以让人们从表象中看到本质，还能不断地提升并挖掘人们的潜力，让人们跻身于成功者的行列，从而得到命运和机遇的垂青！

目　录

第十六章 决策

第十七章 执行

第十八章 信息

第十九章 监督

第一章　素养

第1课

蓝斯登定律：进退有度，容止可观

> 蓝斯登定律是由美国管理学家蓝斯登提出的。它是说在你往上爬的时候，一定要保持梯子的稳妥，否则你下来时可能会滑倒。也就是说，一个人要做到进退有度，才不会进退维谷。蓝斯登定律言简意赅地道出了爬高时梯子应具备的两个条件：一是梯子要保持完整，每一级都不能有损缺；二是梯子的摆放要平整，否则随时会有倾斜而倒的可能。

进退有度，才不至于进退维谷

人生就像一盘棋，而这盘棋只有一局：或胜，或负，或和。每走一步棋，都与进退有关。有时候，你若走错一步，则步步错；有时候，你若以退为进，则会出其不意。所以，无论你做什么，都要记住蓝斯登所言：进

1

退有度，才不至于进退维谷。

当人生走进了死胡同，有的人选择越过围墙，有的人选择退而觅路。进退两者，无所谓对与错。对于那些生活在亚马孙河流域的土著人来说，当他们不小心踩到一条巨蟒时，就会采用静止不动之法，等待巨蟒将自己吞下去，当他们的双腿被巨蟒吞进口中的一刹那，就会用随身携带的小刀刺瞎巨蟒的眼睛，并趁机逃出蟒口；但当他们遇到响尾蛇时，就会马上掉头狂奔。只有这样，他们才能躲过一场劫难。所以，进与退是一种策略，它是因人因物不断变化的。

进退有度，是一种中庸之道。真正的进，不是一味地高歌猛进，也不是鲁莽冒进；真正的退，不是"躺平""摸鱼"，也不是"摆烂"。在为人处世中，人情世故不可避免，社会潜规则也难以抗拒。唯有学会进退有度，才能做到随机应变。在维持自己外圆内方的秉性的同时，也可以不失风度地完成任务，你也会因此成为圈子中的焦点人物……

在蓝斯登定律中，美国管理学家用踩着梯子往上爬这样形象的比喻来阐释一个人社会地位的升迁。它告诉人们，社会就如同一架无形的巨大梯子，每个人都站在梯子的某一级和某一层。倘若我们跨步攀爬梯子，不但会觉得异常吃力，还会有摔倒的风险。或者说，你认为自己能力很强，跨一两级并无什么大碍。但是，倘若你跨级过多呢？多跨几次呢？又会产生什么样的结果呢？

随着竞争的日趋激烈，你会发现，每个人都想往高的地方爬，并不停地往上爬。然而，在这个攀爬的过程中，有的人选择循序渐进，一步一步地往上爬；有的人却偏偏选择急速爬高，而那些急速爬高的人之所以爬得快、爬得高，就是因为他们全然不管别人的死活，只顾踏着别人的肩膀往上爬。殊不知，当你拼命地爬到最高点时，梯子有可能会被别人搬走，也有可能就此倒下去，你那唾手可得的成功也会在瞬间灰飞烟灭。

"一个人可以被毁灭，但不能被打败！"虽然外在的困境可以毁灭我们的肉体，但不能打败我们屹立的精神。面对 84 天捕不到鱼的背运，桑提亚哥没有选择"退"；面对比船只还大的马林鱼，桑提亚哥也没有选择"退"。可以说，进，是一种无所畏惧的人生姿态，可以贯穿一个人的整个人生；退，则是一种权宜的手段，是一种曲线救国的举动。

进退之间，皆是人生；进退之间，拥有"达"的智慧，人生才能通达。"杂交水稻之父"袁隆平，在他的字典里没有"退"。一路走来，袁隆平老先生不断地攻克难关，才为中国带来了先进的水稻种植技术，从而实现了"让所有人远离饥饿"的梦想。

古往今来，只有那些能屈能伸者，才可以成就一番伟业。如刘邦夺天下、韩信受胯下之辱……英雄实例，不胜枚举。面对社会利益诱惑增多、浮躁之风盛行的境况，如果你想实现自己的梦想，就要学会进退有度，那么成功也不再是可望而不可即的梦想。

蓝斯登也曾说：无论你是谁，无论你爬得有多高，迟早有一天是要"下来"的。如果你能够做到进退有度，就不会让自己陷入进退维谷的境地。进退有度，退进结合，才能使你变得更加优秀。当你变得足够优秀时，就有机会与更加优秀的人并肩而行。

别把鸡蛋放在一个篮子里

"别把鸡蛋放在一个篮子里"，意思是说，请不要把所有的资本都投入到同一件事情上，应该做好多方面的准备。这样一来，即使眼前的这个篮子不小心被打破了，也会有其他篮子里的鸡蛋剩下。从表面看来，这句话通俗易懂、朗朗上口，然而，当你在实际操作时就会发现，这其实就是人性本身固有的一个弱点。

换言之，人性最大的弱点并不是自私，而是贪婪。有人说，理性与欲望是相对立的，事实并非如此。这就如同用理性获取财富的同时，可以抑制自己的贪婪，保护自己的利益。因此，当你看到一个外观漂亮的篮子时，你一心只想着把所有的鸡蛋都放在这个篮子里，却不肯花 1 分钟的时间来考虑一下这个篮子是否华而不实、结实可靠。

营销专家也曾这样告诫人们："不要把鸡蛋放进同一个篮子，否则一旦市场突然发生变化，企业就可能因产品的崩溃而元气大伤。"所以，当你在进行经济活动时，一定不要孤注一掷，要多为自己留几条后路。因为你的孤注一掷，就意味着你的所有积蓄都将有可能毁于一旦。

举个例子，如果你手中拥有 100 万，你完全可以为自己规划一下：存 5 万的活期，20 万买股票，50 万买车和房，10 万买金饰，10 万买基金，5 万开个小门面。这种做法就是把鸡蛋放在多个篮子里。即使某一天、某一个项目产生了风险，至少其他的项目都还正常。如果你选择把鸡蛋放在一个篮子里，你把 100 万元全部拿来买股票或是买其他项目，一旦这股票或项目有了风险，将会全部亏损，说的就是这个道理。所以，别把鸡蛋放在一个篮子里，其实就是在为自己留后路。

在生意场上，李嘉诚先生也曾奉行"别把鸡蛋放在一个篮子里"的经营理念。正是因为李嘉诚考虑周详、办事稳妥，一直秉持"东边不亮西边亮"旱涝保收的经商之道，所以他才能在商场中游刃有余、大获全胜。别把鸡蛋放在一个篮子里，就是在提醒人们，想要取得成功，就不要将自己局限在一个范围内，要多涉及几个领域，甚至跨界寻求机会，这才是最佳的选择。

虽然生意只是生活的一部分，但生活也是一场场生意。只有把生意做好了，才能更好地生活。那时候你会发现，生活从来不是单纯的单因素变量所决定的，而是一个多种且大量因素相互影响的集合。就像这个放入鸡蛋的篮子，哪怕它漂亮精致、结实牢固，那就一定可靠耐用吗？

一切皆有可能，任何事物都有两面性，都不是绝对的。当意外降临时，你会因为没有鸡蛋吃而感到苦恼，并后悔当初自己愚蠢的决定。与其将来为了一时的冲动而买单，不如从现在开始努力克服自己那颗贪欲之心。所以，当你看到一个漂亮的篮子时，可以试着放入自己的一小部分鸡蛋。等到某一天，你就会觉得这才是最明智的行为。

毕竟前路漫漫，未来可期。虽然现在的你看不到，也看不懂自己的未来，但是你能通过策略来规避一些未知的风险。比如，你可以适当地给自己留一手，为自己留一条后路，即使有一天你在黑夜里摸索前进，也会变得豁达从容。

第2课
卢维斯定理：有意的过分谦虚是虚伪

卢维斯定理是由美国心理学家 H. 卢维斯提出的。它是说谦虚不是把自己想得很糟，而是完全不想自己。把握好谦虚的尺度，并非是一门只有天才才能掌握的学问，而是我们每一个普通人都能掌握的学问。"虚心万事能成，自满十事九空。"一个人越是谦虚，越是有自知之明，也就越容易得到别人的认同，越容易取得成功。这就给人们一个深刻的启示：成功需要谦虚。

谦虚，并不是装傻充愣

在通常情况下，人们总会停留在某个思想误区里去理解"谦虚"。他们认为，谦虚就是把"自己想得很糟"，这也是卢维斯所预料的结果。所以，当有人提问你一些问题或事情的时候，你就会有意无意地说："我也不太知道啊。""我也没有把握啊。""我会尽量做得好些吧。""让我来试试吧。"……殊不知，你的这些措辞都含有一种"把自己想得很糟"的成分。因为你认为，如果不这样"谦虚"表达，就是一种不谦虚的行为。

更令人感到费解的是，有时候你明明有能力做某一件事情，你却会故弄玄虚地"谦虚"一番，不愿意更不敢上手去做。因为在你的心中产生了一些莫名的顾虑，所以你不敢"轻举妄动"；你担心一旦做了有些事情，就有可能被别人扣上不谦虚的帽子，所以你只愿意做个"睁眼瞎"。

对于这种虚伪的"谦虚"，卢维斯不仅作了解剖和否定，还果决地指出"谦虚不是把自己想得很糟，而是完全不想自己"。正如孔子所说，"知之为知之，不知为不知"。即是说，知道就是知道，不知道就是不知道。为什么明明知道，却偏偏要装作不知道呢？一味地装傻，并不是谦虚的表现，而是缺乏"实事求是"精神的体现。

那些"把自己想得很糟"的伪谦虚者，之所以会产生这样的想法，就是因为他们陷入了这样一种逻辑误区：他们认为，如果把自己想得太好、说得太好，别人就会把他们想得更糟，并因此招来别人的攻击或批评，说他们傲慢无礼、骄傲自满。这也难怪，无论是谁，只要陷在这样的误区里，就会完全失去自信，宁愿把自己想得更糟糕一些，也不敢把自己想得太完美。

可是你果真变谦虚了吗？也未必吧。真正的谦虚，并不是装傻充愣，更不是明知故问。伪谦虚本来就有负面性，它会让你向虚伪的方向发展。换言之，很多人可能会因为受到这种伪谦虚的影响，反而丧失了最本真、最可贵的品德。那么，到底如何才能做到真正的谦虚呢？

第一，谦虚并不是自我否定，自我否定只会让你与机会擦肩而过，并因此留下一些遗憾。

第二，谦虚归根结底就是把话说到你的能力范围以下。比如，你的语文成绩可能能考 95 分，那么你就可以先肯定自己能考 80 分。

第三，谦虚并不是在别人向你发出质疑或者向你提问时，你总是这样回答"哦，我想我办不到""唉，我的能力有限"等，而是懂得抓住一切机会，等取得成功之后，在面对别人的赞美时说："其实没什么，每个人都能做到。""只要努力，就一定可以成功。"……

有一位具有多年美国生活经验的教授，曾经对美国的中学生和中国的中学生进行了仔细的比较，他惊讶地发现：在探索精神和创新精神方面，中国的中学生不如美国的中学生。其原因可能是中国的教学模式比较传统，在课堂上，学生们缺少向老师提问和与老师争辩的勇气，凡事都习惯了循规蹈矩，习惯了看老师的眼色行事。在这种教学的氛围里，探索精神和创新精神自然有限。

与此同时，所有没有任何来由的或者过分的"把自己想得很糟"，都会在无形中让你产生自卑的心理，乃至胆小怯场、动辄脸红。正是因为你丧失了自信心，才导致最根本的动力也出了一些毛病。所以，我们不妨牢记卢维斯的话，在需要谦虚的时候，就不要装傻充愣；在需要暂时忘却自己的时候，千万不要轻易记起自己，尤其不要把自己想得太糟。

别让过度谦虚毁了你

何谓谦虚？如何定义谦虚才算是正确的呢？卢维斯曾经是这样定义谦虚的："完全不想自己。"这句话真是一语中的，深刻精辟。在大多数人的眼中，谦虚的尺度的确让人难以把握，有时候把自己想得太糟了，有时候又把自己想得太好了，或者把自己估计得过高了。于是，卢维斯干脆让人们"完全不想自己"。他的言外之意就是，要人们忘却自己，进入一个全新的、忘我的精神境界。

在卢维斯看来，谦虚就是如此简单：完全不想自己，真正做到忘我了，就是一种谦虚，你不会再受到个人利益的左右和干扰，这就意味着你已经进入了一个崇高的境界。此时的你，绝对不会出现明明知道却装作什么都不知道的情况，更不会出现不懂装懂的情况。你已经知道如何表现自己，所以才会变得如此淡定。

然而在现实中，要做到真正的忘我却是不易的，利益、身体以及社会关系等总是如影随形地跟着你。这时应该如何是好？这时候或许你需要的不仅是磨炼和决心，更需要学习刻意忘我。尤其是在一些公众场合，你不妨刻意让自己暂时忘我。同时，你可以睁大眼睛，竖起耳朵，闭上嘴巴，努力做一个观望者和倾听者。如果你能够做到心静如水，做到忘我地观望和倾听，那么，你距离一个真正的谦虚者就不再遥远。

然而，人总有各色各样。有懂事的，有不懂事的。有的人只能看到一面，却看不到另一面；有的人总是不够谦虚，仗着自己的才能、学识、金钱等，目空一切，狂妄自大；有的人总是过度谦虚，给人一种"真没用"的感觉。因为任何事情过度了都会让人倍感不爽，比如过度的建议就是命令，过度的关心近似虚伪。用"过犹不及"这个词，就可以贴切形容这一切，凡事都应该拿捏一个最佳的分寸。

在社交中，你有没有遇到过过度谦虚的人？比如，有的人明明很有钱，却总是说："没钱，真的没钱，我这点钱算什么啊。"有的人明明成绩很好，在班级里第一，却总是跑到差生面前说："哎，这次又没考好。"所以，当两个人不在同一个"纬度"，不在同一个"频率"，就很容易产生误解和矛盾。

所以，千万别让过度谦虚毁了你，因为过度谦虚有时候也是另一种"炫耀"。因为你在面对别人的赞美时，总是一副"趾高气扬"的模样。说着谦虚的话，却透露出最"拽"的姿态，这就是炫耀的表现。殊不知，不合适的谦虚之词，会无形中增加你与别人之间的"仇视"。谦虚就好比天平，它可以测出一个人在别人心中的分量。

葛优在出席影片《上一当》的首映式时，有人问他："正是因为好多女性看中了你的幽默和潇洒，才觉得你是够档次的爷儿们。现在市面上女同胞都亲切地叫你'葛大爷'。"听了这句话，葛优连忙说："这可不敢，这样称呼，让我折寿。虽然头上秃了点儿，还算个潇洒青年。再说，观众是上帝，咱不能把辈分颠倒了。若是'上帝'经常来电影院欢度时光，那我情愿喊他们'大爷'……"从葛优的回答可以看出，他的确是一个风趣幽默、谦虚有度的人。

人们之所以称谦虚为一切美德的"皇冠"，就是因为它可以将自律、天职、义务以及意志的自由和谐地融会到一起。一般而言，那些举止谦逊的人，不仅掌握了渊博的知识，而且成就也大。所以，谦虚的目的并不是使我们觉得自己渺小，而是为了更好地了解自己。

当一个人把自己的得失、荣辱、成败等个人利益都暂时抛开，置个人的一切于度外时，会不会发生什么奇迹呢？你会发现，你没有了拘束、怯场，也没有了做作、虚伪，心胸也豁然开朗了。此时的你，似乎把整个身心都投入到他人的身心中去了，你迈着轻盈自如的步履走进他人的心灵……

第3课
托利得定理：思可相反，得须相成

托利得定理是由法国社会心理学家 H.M.托利得提出的。它是说测验一个人的智力是否属于上乘，只看脑子里能否同时容纳两种相反的思想而无碍于其处世行事。一个真正聪明的人，总能够从多角度去思考和观察，并且考虑短期和长期之间的关系，在是是非非之中能够运筹帷幄。托利得定理告诉人们：考虑问题，既要一心一意，也要一心多用。反对和赞同一样重要，别固执己见，更别一意孤行。

别活成固执己见的人

在托利得定理中，法国社会心理学家告诉我们：别固执己见，一条道走到黑。如果我们在看待问题时，总是以自己的主观意识去推测事物的发展与祸福成败，而不去虚心听取别人的意见，就会变得一叶障目，固执己见。如此一来，你自是没有机会看清事态的变化和事情的本质，更没有机会看到外面的广阔世界。

有一个人独自行走在野外，一不小心额头撞到了转角处的一面墙上，这是废弃宅院的一面墙。于是他勃然大怒，扬言要把这面墙拆了再离开，要不然难解心头之恨。然而，他在拆墙的过程中，发现这面墙壁十分坚固。从这里路过的人，有的劝他放弃拆墙，绕道而行；有的劝他架个人字梯过去即可，他却表示不愿意，非要拆了墙再离去，这就叫作固执己见。

固执己见似乎是一种有个性的体现，但更多时候却会给人一种顽固不化的感觉。因为太固执的人总会自以为是，喜欢轻视别人、否定别人。当他们得出一个结论后，就认定自己是对的，是最终的真理。殊不知，固执己见的人常常刚愎自用，比如三国名将关羽，之所以最后败走麦城，被俘身亡，最大的原因就是固执偏激、刚愎自用。

为什么很多人都容易固执己见，明知是错误的事，却不肯承认，还照做不误？美国心理学家莱昂·菲斯汀认为，人们总是想要保持自己认知信念之间的一致性，而不惜改变自己对当下事情的态度和行为。当我们的内心有两种想法或者认知与信念不一致时，就会感觉到紧张、焦虑，这是一种正常的认知失调体验。

简而言之，我们的固执心理是由认知失调所导致的。当我们遇到与自己的信念相违背的情况时，就会产生认知平衡失调，从而产生一种内心冲突，继而外显为"固执己见"。因此，我们越固执己见，就越会挑选那些能够支持自己观点的信息。

莎士比亚曾说："时间是无声的脚步，是不会因为我们有许多事情要处理而停留片刻的。"无论悲喜，无论成败，无论聚散，一切都会过去，固执己见也终将被历史湮没。如果一个人不懂得采取灵活变通的态度，而总是偏执顽固，就会进一步激化矛盾，产生令双方不满意的结果。如果一味地固执，则会招来众人的唾弃。

有这样一句话："你没见过世界，哪来的世界观？"越固执己见的人，他的思想就越偏激，不仅缺少宽容和智慧，也不愿意学习和思考。不难发现，那些真正优秀的人反而表现得十分谦逊。究竟如何做才能不固执己见呢？除了要养成不断学习的习惯，提升自己的认知水平外，还需要不断地去经历、去体验，进而让自己有所改变。

虽然每个人的认知水平不一样，但只要你能客观地剖析自己，就可以从中受益。如果你尝试着去做，就一定会有意外的收获。不过，大多数人认识自己，并不能像了解别人那样来得更容易。于是，重视别人成功的经验与失败的教训就成为一种视角，别人就是我们人生成败的反光镜。

一个人知道得越多，越觉得自己应该走出这个小世界，去接受更多的不同；相反，一个人知道得越少，越容易固执己见，拒绝反省。所以，我们要时刻告诫自己：多学习，多听多问，保持开放接纳的态度，遇事时换个角度去思考问题，别让自己活成一个固执己见的人。

真正聪明的人，往往能"一心二用"

法国有个心理学家名叫布朗，他就是一个真正聪明的人，因为他能够"一心二用"。他可以一边为听众朗诵诗，一边又可以写另一首诗。等他把诗朗诵完了，新的诗也刚好写完了。此外，他还可以一边朗诵诗，一边计算乘法算式。等他把诗朗诵完了，算术题也刚好做出来了。

这是不是会让人觉得既神奇，又不可思议？然而，这的确是一个事实。所以，我们在学习的时候，不妨也尝试一下"一心二用"。比如，你可以一边听课，一边记笔记，这就是"一心二用"。因为只听不记或者只记不听，都是不可行的。学会适度的"一心二用"，你也许就会变得更聪明了。

"一心二用"并不是每个人都能做到的。能做到的，通常都是一些非常厉害的聪明人。比如，在金庸武侠小说《神雕侠侣》中，周伯通、小龙女等都是十分罕见的善于"一心二用"的高手。"一心二用"的好处是不言而喻的，它不仅可以让一个人的眼界和思路更开阔，也可以提升效率，还能够避免在错误的路上一条道走到黑。

虽然"一心二用"与人们常说的专注似乎是矛盾的，但那是在做不到"一心二用"的情况下。一个真正能做到"一心二用"的人，无疑都是智力水平非常高的人。所以，在很多时候，"一心二用"也是一种智慧。无论是在工作还是生活中，学会并且善于"一心二用"，都可以起到巨大的提升能力的作用。

当你"春风得意马蹄疾"的时候，要学会"一心二用"。如果你是一个销售员，在工作顺风顺水的时候，也要学会"一心二用"，除了为客户推荐适合的产品外，还要仔细观察客户的爱好、习惯、思维等特点。比如有的客户注重质量，你就多给客户讲讲你的产品质量方面的优势；比如有的客户注重价格，你就多给客户讲讲你的产品价格在市场上是最优惠的；比如有的客户注重售后服务，你就多给他讲讲完善的售后服务体系。只有这样，才能保证一直处于这种优势之中。

当你陷入"山重水复疑无路"的困境的时候，要学会"一心二用"。如果你是一个老板，当你的公司因为投资失败，面临倒闭的时候，你要不断地总结经验教训，积极给予员工信心，让公司尽快从泥潭里走出来。此外，你还要学会"一心二用"，亲自去同行的公司里去学习，看看他们是如何做业务的。不仅如此，你还要多考察一些市场上你所属行业是否到了瓶颈期，是否有新的替代品在与你竞争。

在现代社会，虽然专业型人才的需求量很大，但"一心二用"的人才也越来越可贵。"跨界"这个词的流行，就是最好的证明。"一心二用"正在变得越来越重要，很多人常常身兼数职，在面对一些重要的事情时，总觉得自己已经分身乏术了。这时候，那些可以"一心二用"的聪明人就趁机大显身手，显现出巨大的优势，从而在竞争中抢占先机。

　　真正聪明的人，往往能"一心二用"。因为"一心二用"才能让你在盛怒之时去想对方的优点，让你在争吵中停下来分析问题，并进一步解决问题。如果感觉自己前途迷茫、走投无路时，要学会"一心二用"，选择自己喜欢的道路，并持续努力下去，总有一天会柳暗花明，会收获属于你自己的幸福生活。

第二章　统御

刺猬理论：保持一定的距离，才能产生美

"刺猬法则"是由美国管理专家吉姆·柯林斯提出的。它来源于西方的一则寓言，说的是两只刺猬因为寒冷靠近彼此，又因为身上的刺将对方刺得鲜血淋漓。后来它们调整了姿势，拉开了适当的距离，不仅互相之间能够取暖，也保护了对方。如果将其转换到人类身上，这样的法则同样有效。于是，人们称其为刺猬理论。刺猬理论带给人们的启示是：人与人之间必须保持适当的距离，既要建立友好、亲密的关系，又要保持一定的自由空间。

始于礼貌，止于距离；始于友好，止于分寸

网上曾流传过这样一句话："成年人之间的社交，始于礼貌，止于距

离；始于友好，止于分寸。"对此，有一位心理学家做过这样一个实验：

在一间刚刚开门的阅览室，里面仅有一位读者，心理学家特意选择坐在那位读者的旁边。这项实验进行了整整 80 个人次，最后发现，在一间只有两位读者的空旷的阅览室里，几乎没有一位读者能够忍受陌生人紧挨着自己坐下。当心理学家坐在那些读者身边后，读者并不知道这是在做实验。有的人选择立即走开，到其他地方坐下来；也有的人大声质问："你到底想干什么？"

这个实验证明，在人际交往中，一定要把握适当的交往距离，就像在寒冬里取暖的刺猬那样，如果靠得太近就会扎到彼此。任何一个人，都需要拥有一个属于自己的空间，它就像一个无形的"气泡"一样，为自己"割据"了一定的"领域"。如果有一天，这个属于你的空间被别人触犯了，你就会感到不舒服，甚至恼怒起来。

既然距离在人际交往中如此重要，那么，究竟保持多远的距离才算合适呢？对此，美国人类学家爱德华·霍尔博士划分了 4 种区域或距离，并分别做了简单的阐述。

1. 亲密距离

亲密距离是人际交往中的最小间隔或几乎无间隔，也就是我们常说的"亲密无间"。其近范围在 15 厘米之内，能够感受到彼此的体温、气味和气息。其远范围在 15 厘米至 44 厘米之间，可以体现出亲密友好的人际关系。一般是亲人、很熟的朋友、情侣和夫妻才会出现这种情况。在人际交往中，如果一个不属于这个亲密距离圈子内的人随意闯入这个空间，不管他的用心如何，都是不礼貌的举动，会引起对方的强烈反感。

2. 个人距离

个人距离是人际间隔上稍有分寸感的距离，较少有直接的身体接触。

个人距离的近范围在 46 厘米至 76 厘米之间，相互能够亲切握手，进行友好的交谈。这是与熟人交往的空间。其远范围在 76 厘米至 122 厘米之间，任何朋友和熟人都可以自由地进入这个空间。在人际交往中，亲密距离与个人距离通常都是在非正式社交情境中使用的。如果是在正式社交场合，则需要使用社交距离。

3. 社交距离

社交距离已超出了亲密或熟人的人际关系，体现出一种社交性或礼节上的较正式关系。其近范围在 120 厘米至 370 厘米之内，就像隔一张办公桌那样，一般工作场合人们多采用这种距离交谈。比如，企业或国家领导人之间的谈判、工作招聘时的面谈、教授和大学生的论文答辩等，都需要隔一张桌子保持一定的距离。

4. 公众距离

公众距离是指公开演说时，演说者与听众所保持的距离。其近范围在 370 厘米至 760 厘米之内，远范围在 760 厘米之外。一般适用于演讲者与听众、彼此极为生硬的交谈及非正式的场合。这个空间的活动，大多是当众演讲之类。当演讲者试图与一个特定的听众谈话时，他必须走下讲台，使两个人的距离缩短为个人距离或社交距离，才能够实现有效的沟通。

所以，在人际交往中，了解了彼此所需的自我空间及适当的交往距离，你才能够有意识地选择与人交往的最佳距离。与此同时，通过空间距离的信息，你不仅可以很好地了解一个人的实际社会地位、性格以及人们之间的相互关系，还能够更好地进行人际交往，何乐而不为呢？

我们都需要一定的"距离"

在现实中，无论与谁打交道，你都会遇到一个共同的疑惑：如何与对方保持适当的距离？你甚至还有过这样的体会：与某个人的关系越亲密，越容易与其发生摩擦和矛盾，反倒不及与那些初次见面者交往容易。比如，亲人、情侣之间总是相互埋怨，与同事却能够相处融洽，于是，人们将其称为"刺猬理论"。

"刺猬理论"告诉我们：距离才会产生美。由于生长环境、人生经历等的差异，人有不同的价值观。不管是从外貌、性格还是心理上，每个人都是不同的个体。如果彼此之间的关系过于亲密，就很容易产生各种矛盾，最后导致彼此的感情破裂。所以，人们在相处时，要学会保持一定的"距离"，只有适当的"距离"才会使彼此愉悦。

"距离产生美"，是瑞士心理学家布洛的一句名言，也是人们耳熟能详的一个美学原理。我们完全不必担心那样的距离会让彼此变得陌生且疏远，只有学会给彼此留出一些距离，尊重对方的隐私，容纳对方的个性和缺点，才能更好地保持彼此间亲密的关系。毕竟每个人都有属于自己的空间，保持距离就是在成全对方，可以留给对方一点儿空白，让彼此的交往永不完结。

无论是哪种关系，人与人之间都需要保持一定的"距离"，其原则就是既要让自己愉快，也要让别人轻松。比如，亲人之间，距离就是尊重；爱人之间，距离就是理解；朋友之间，距离就是爱护；同事之间，距离就是友好；陌生人之间，距离就是礼貌。只有保持一定的"距离"，才会让人有想象的空间，把美好的一面展现在对方面前。

人与人之间的关系，本质上其实就是一种心理距离。因为距离远近的不同，有相处边界和相处原则。不过，人际交往的空间距离并不是固定不变的，它具有一定的伸缩性和随机性，这就依赖于具体情境、交谈双方的身份地位、文化背景、性格特征等。下面我们来做一个小小的选择题：

在周末的一天，你坐公交车出去玩。上车后，你发现只有最后一排还有5个座位，走在你前面的两个人，一个人选了正中间的座位，另一个人选了最右侧靠窗子的座位。剩下的3个座位中，一个在前两个人之间，另外两个在中间人与最左侧的窗户之间。这时，你会选择哪个位置坐下呢？

你大多数会选择最左侧窗户的座位，而不是紧挨着两个人中的任何一位坐下。之所以会这样选择，是因为人与人之间需要一定的"距离"。有时候，这种距离是环绕在人体四周的一个抽象范围，光靠眼睛是没法看清它的界限的，但是它却是真实存在的，而且容不得他人去侵犯。比如，无论你是在地铁里还是在电梯中，都很在意他人与自己的距离。当别人靠你太近时，你就会不自然地改变自己的位置，以逃避这种不快感。如果由于过度拥挤，实在无法改变自己的位置，你就会用一种不耐烦的态度向靠近你的人表露你的不悦。

叔本华曾说："人就像寒冬里的刺猬，互相靠得太近，会被刺痛；彼此离得太远，又会感觉寒冷。"很多人以为，亲密无间才是最好的关系。然而，当你经历世事就会明白，唯有合理地保持"距离"，才是最好的相处方式；唯有保持恰到好处的"距离"，才能调节好彼此的关系，一起谱写美好的人生篇章。

第5课

鲹鱼效应：过分盲从会影响你的判断

鲹鱼效应是由德国动物学家霍斯特发现的。它说的是一种有趣的现象：鲹鱼因个体弱小而常常群居，并以强健者为头鱼。如果将那条头鱼内部的控制系统进行部分去除，此鱼就会失去自控力，行为也会发生紊乱。但是其他的鲹鱼仍旧像从前一样跟随头鱼。鲹鱼效应给人们带来的启示是：如果团队中出现问题，领导有不可推卸的责任；在职场中，跟对人至关重要；要想成为行业的管理者，需要有"换脑"的勇气。

跟对人，走对路，方能做对事

众所周知，拥有一个好的平台和一个合适的群体，是一个人成功背后的动力之源。其关键就在于需要你不断地去寻找和选择。

在鲹鱼效应中，鲹鱼之所以会选择那条头鱼，是因为它们根本不知道，鲹鱼群并不是只有一个，而是有很多个。起码是在不同的水域里，就有不同的群体。作为一条普通的鲹鱼，首先必须要考虑清楚自己应该选择加入哪一个群体，因为一旦你跟错了群，走到半路想要退群就没那么容易了；其次，当你行走到半路时就已经受到"近墨者黑，近朱者赤"的规律影响，发现自己早就被那个圈子"同化"了。

当然，每个人都有可能判断失误，加入一个错误的群体。或者说，某个群体一开始本来很好，但是到后来逐渐变坏了，变得不再适合你了。这时候，你就要再次做出选择，在适当的时候选择离开那个不合适的鲦鱼群，从内心去罢免那条不对劲的头鱼。

一个人想要在社会上立足和发展，就要学会跟着一个靠谱的人，做一些有意义的事情。因为只有"跟对人，走对路，做对事"，才能得到你想要的生活，活成你想要的样子，这是我们每个人的理想。

1. 跟对人

物以类聚，人以群分。所以，跟对人至关重要。"近朱者赤，近墨者黑"，一个优秀的人，如果混入人渣堆里还可以全身而退，那就是"高人"，因为大多数的人都会同流合污，陷入牢笼之中。换言之，一个品行不端的人，如果整天和一群善良的人生活在一起，即使他没有乐善好施之举，也会面目和蔼。

2. 走对路

人生没有一帆风顺，有的是兜兜转转、跌跌撞撞。对的路就在千回百转之中，关键就在于你是否选择了一个正确的出口。路走得好不好，选择很重要。一步错，步步皆错。人生路上有很多的机遇，每一个机遇都是十字路口。人们总是在尝试了很多路口后，才可以找到适合自己的路，才可以发现"路在前方"。

3. 做对事

做对事，并不是说你在短期做对了什么，而是需要你在很长一段时间里坚持一个方向，并孜孜不倦地追求下去，最后才会看见效果。所以，做对事，方法很重要。笨拙的人，学会笨鸟先飞，才不会搞得一团乱；聪明的人，做同样的事情，往往事半功倍。

世界著名影星苏菲玛索，就是一个善于思考、做对事的人。她之所以能够成为世界影星，就是因为她明白：在影视界，一个演员的成功，往往与导演有关。同时，她也知道，人活在世上是要做事的，而做事就关系到与人合作的问题，与什么样的人合作，这是非常关键的。

有句话说得在理："你是谁并不重要，重要的是你和谁在一起。"比如雄鹰，如果它是在鸡窝里长大，就会失去搏击长空、翱翔蓝天的勇气。又比如野狼，如果它是在羊群里成长，也可能会丧失狼性，失去叱咤风云、驰骋大地的本领。

如果说职场晋级有什么捷径的话，跟对人或许就是其中的一条。那么，如何才能跟对人呢？这就取决于你对自己的规划和你的发展方向：如果希望未来的自己成为一名技术型的人才，那就跟定你的技术主管或是技术部的资深前辈；如果希望未来的自己具有非凡的领导才能，那就多找机会在老板身边出没，即使跑腿打杂也是有意义的。

你既然选定了一个自己的榜样，就要迅速地与他站在一起，并将他的成功经验拿来为你所用。不要怕模仿，因为再伟大的书法家、画家也是从临摹名家的作品开始的。进入普通人的圈子，只会讨论如何省钱；进入事业人的圈子，才会一起商量如何赚钱。你跟谁在一起，就会进入什么样的圈子，就会有什么样的前程和格局。

所以，只有你跟对人，走对路，做对事，才会走上一条金光大道，成就一番不平凡的事业。

没有谁生来就是强者

在这个世界上，没有谁生来就是强者，有的只不过都是被环境逼出来的无尽的潜力。正如现在流行的一句话：人都是逼出来的，不逼自己一把，你永远都不知道自己有多优秀。即是说，如果不逼自己，就永远也不知道自己的潜力在何处、究竟有多大……这是一个无法衡量的问题。

对此，国外有人进行了研究，得出普通人脑的利用率只有 3% 左右，而像爱因斯坦这样伟大的科学家，他的大脑利用率也仅为 10% 左右。所以，从这个角度来看，人的潜力还是巨大无比的。

这个世界，没有天生的弱者，也没有天生的强者，强者是一天天磨炼出来的。想要变得强大，就要努力修炼自己的内心，让它变得强大起来。正所谓心强则胜，心弱则败。如果你的内心足够强大，就能战胜一切。同时，也意味着即使在暴风雨的路上前行，你也不会偏离方向。

世界顶级球星梅西是带着"足球天才"的标签一路走过来的：他 13 岁征服了巴萨，18 岁拿下金球和金靴双项大奖，22 岁就当选欧洲足球先生和世界足球先生，五夺金球奖……然而，这背后的辛苦付出和强大的内心，才是他成功的关键所在。

人生之路本就是在坎坷中走过的。如果你有一颗强大的内心，那些磕磕绊绊都不过是你人生道路上的小插曲罢了。在痛苦和挫折面前，我们需要修炼强大的内心。因为只有强者才能愈挫愈勇，才能战胜一切困难和挫折。那么，我们该具体如何做呢？

1. 让自己成为生活的强者

有些人在悲伤中流泪，流着流着就变得强大了；有些人在痛苦中淬炼，痛苦久了就变得强大了。没有谁生来就是强者，只要努力去做，每个人都可以成为生活的强者。脆弱，是强大的反义词，也是强大的必经之路。有些人一边表现得脆弱，另一边又变得坚强起来。时间久了，就会拥有强大的内心。生活本就是苦乐掺半，痛苦是为了让人变强大，逆境是为了让你成为更好的自己。

2. 懂得痛苦和挫折是人生必经之路

痛苦和挫折是人生的必经之路，它可以助你成长，让你变得更加坚强。所以，我们要感谢痛苦和挫折，是它磨炼出了你强大的内心。只有从痛苦中破茧成蝶，才能成为更加有力量的自己；只有从痛苦中超脱出来，才能成就超凡脱俗的自己。

3. 练就强大的内心

你会发现，人生的每一次历练都是最好的风景。在经历过一切磨炼之后，你就会褪去杂质，变得格外通透。与此同时，当你看清这人世间的一切时，你就超脱了这个世界。当我们站上高峰时，我们便拥有了云淡风轻的心态，也练就了强大的自己。

即使有一天，你落进了万丈深渊，只要你内心足够强大，就能在喘息的缝隙里找到心中的那束光。没有谁天生就是强者，因为所有的强大都是从渺小一点一滴累积而成的；没有谁生来就是强者，但是要强的精神和态度却是天生根植在我们的基因中的。所以，在未来的每一天里，希望我们都可以成为生活的强者，能够勇敢挑战生活中的一切沉浮。

第6课
雷鲍夫法则：信任与沟通是事半功倍的基础

雷鲍夫法则是由美国管理学家雷鲍夫提出的。有的人将这一法则称为是建立合作与信任的法则，也有人将其称为是交流沟通的法则。雷鲍夫法则从语言交往的角度出发，言简意赅地揭示了建立合作与信任的规律。我们在建立合作与信任的过程中，可以将雷鲍夫法则灵活地运用到我们的交流与沟通中，定会产生事半功倍的效果。此外，在管理者与员工交往的过程中，也应该牢牢记住雷鲍夫法则带来的启示。

1到8字法则

在交往、合作以及管理中，雷鲍夫法则是一条可以让你快速建立信任的法则。只要学会这个法则，你就会或多或少有一些收获，对建立良好的人际关系也有至关重要的作用。

在下面的 8 条法则中，其中有 6 条是由雷鲍夫总结并提炼出来的，只有第 1 条和第 4 条是其他人所补充的。因此，管理界将这语言交往中应注意的 8 条统称为雷鲍夫法则。仔细观察雷鲍夫法则的 1 到 8 条法则，你会发现，它们是一个不断渐进的过程。

1."八字法则"：我承认我犯过错误

主动承认错误，不仅是一种谦虚的表现，也会让别人更加信任你。能够发自内心做到这一点，往往会有意外的惊喜。1990 年，通用公司的工程师伯涅特在领薪资时，发现少发了 30 美元。于是，他就去找自己的上司，他的上司又向公司总裁斯通说明了情况。斯通不仅立即补发了伯涅特的薪资，主动向伯涅特道了歉，还调整了工资政策，并向《华尔街日报》披露了这一事件。斯通主动改正了一个错误，但他得到了员工的信任，还让公司重新博取了公众的信赖。

2."七字法则"：你干了一件好事

当你在反省自身的同时，不要忘记回应别人的反应，关注别人的同时也要学会鼓励别人，这是学习合作的第二条秘籍。创业阶段的松下幸之助一直和员工同甘共苦，后来创立了三洋的井植熏回忆起当时他在松下时的过往，感慨他不断受到松下幸之助的鼓励，才获得了这样的成绩。松下却说，他能安全回来就值得我去鼓励。

3."六字法则"：你的看法如何

在那些优秀的企业中，不可能是由老板操控一切。与人合作时，还要多顾及别人的感受。因为集思广益才是成功之道，与人合作就一定要做到用人不疑、疑人不用。因为一个好的合作者，是能够享受分权后的轻松的。

4."五字法则"：咱们一起干

在优秀的公司，"咱们一起干"并不是仅仅说给合伙人听的。当然作为合伙人，往往要负更大的责任，但是一家公司要成功就必定要调动公司所有员工的积极性。如果可以让所有的员工都有与老板一起干的信心与决心，那么这必然会是一家好公司。

5.“四字法则”：不妨试试

之所以选择合作伙伴，就是为了让双方在各方面的互补性得到发挥。“试试”就是鼓励合作伙伴不断地进行创新。“不妨”其实是这里的关键，不妨就是不要太在意结果，有创意就一定要付诸实施，才会有所收获。所以，遇事时不妨抱着试试的心态，这才是合作中的最佳心态。

6.“三字法则”：谢谢您

无论是出于何种目的，只要是你在遇到困难时伸出援手，你就要感谢他。这不仅是人之常情，更是一种教养和修养。在你遇到困难时，别人不帮你是人之常情，别人愿意帮你，是出于慈悲善良。所以，别人帮了你，对他说一声“谢谢您”，是一种感恩。“谢谢您”并非只是挂在嘴边，真正说到人心里的谢谢不仅仅用嘴去表达。

7.“二字法则”：咱们

8.“一字法则”：您

对于最后的 2 条法则，我们可以放在一起去讨论。虽然这 2 条法则最简单，但也是最重要的法则。有句话说得好：越简单，越美丽。所以，除了前面的 6 条法则，我们还要牢记后面的这 2 条法则：第一，要时刻记住你是在与人合作，任何事情都不要独断专行——咱们，就是要有整体的概念；第二，要时刻记得尊重你的合作伙伴——“您”，而不是“你”，这是一种对别人的尊称。

所以，想要成为一名优秀的管理者，就要理解并掌握这 1 到 8 法则，才能实现合作共赢，无往而不胜。

让沟通之花 "绚丽绽放"

世界管理级大师德鲁克曾说："虽然沟通不是万能的，但没有沟通却是万万不能的。"面对日益复杂的社会关系，我们希望能够创造和谐、融洽的人际关系；面对激烈的市场竞争，我们希望能够打造一支上下齐心的团队。上述问题的答案可能是由一系列相关的因素所构成的，其中沟通便是解决一切问题的前提。

在雷鲍夫法则中，美国管理学家言简意赅地揭示了建立合作与信任的规律，并将其灵活地运用到我们的交流与沟通中。可以说，在某种特定的时刻，沟通甚至可以决定命运。对于企业而言，沟通可以决定管理效果的成败，也可以决定企业的生死。无论何时何地，每个人都在反复地与人沟通，管理者更是如此。

有人曾认为，沟通不过是在人际交往时做到不隐瞒，真实地表达自己的本意罢了。其实，这还远远不够。虽然不以诚相待就谈不上是良性的沟通，但真知灼见在合理碰撞时也会不欢而散。因此，要想让沟通之花"绚丽绽放"，还需要以下几个技巧：

第一，无论是对人还是对事，都要以真诚赞美与欣赏为前提。

第二，首先说出自己究竟错在哪里，然后再指出别人的不足之处。

第三，说话时要顾及别人的面子。

第四，只要对方稍有改进，就要加以鼓励。

第五，嘉勉别人时要诚恳，赞美别人时要大方。

从人性的角度来看，每个人都想得到别人的认可。所以，有效的沟通除了要知其讲话的本意，还要做到知其所以然。比如在人事工作方面，如果主试者问面试者："你家住在哪里？"面试者会在第一时间如实相告。然而，真正懂沟通技巧的面试者就会知道，主试者的随意"开场白"可能

29

是想进一步判断其上下班所需要花费的时间。因此，此时的面试者可以这样回答："我只要乘一站地铁就能到单位。""我家到贵公司只需要半个小时。"这一问一答就是彼此沟通的过程，可以起到事半功倍的效果。

据报道，由美国市民评选出来的上百家单位中，最受员工欢迎的是一家名为英格拉姆的计算机批发公司。该公司董事长斯特德有一条号码为800的全天候免费专用热线。如果公司的1300多名员工有什么烦恼和建议，都可以通过拨打这条热线与他进行交流。后来，这个免费电话被该公司的员工亲切地称为"谈心800"。这就是沟通的魅力，它可以在瞬间化冷漠为热情。

从当前来看，诸多企业都面临着激烈的市场竞争，都迫切需要调动一切积极因素来应对竞争。员工作为企业最重要的生产要素，同样要面对严酷的市场竞争。这就导致人们的就业压力越来越大，职场内外的浮躁情绪在无形中危害着人们的健康。据说在我国，有很多中青年人都患有"白领综合征"。因此，无论是领导还是员工，都需要坐下来谈谈心。你会发现，只有多多沟通，才能缓解彼此的压力。

随着时代的发展，人们开始了由"经济人"向"社会人""文化人"的角色转换。人们似乎不再是一味地追求高薪、高福利等物质待遇，而是要求能积极地参与到企业的创造性实践中，以满足自我实现的需求。所以，良好的沟通至关重要，因为它不仅可以让员工与领导自由地谈论各自的看法和主张，也可以满足他们的参与感，从而激发他们工作的积极性和创造性。

任何一个组织都需要通过信息沟通，才能营造出一个开放系统。尤其是在环境日趋复杂、瞬息万变的情况下，不仅要与外界保持良好的沟通，还要及时捕捉商机，才能为企业开拓新市场。

第7课
洛伯定理：敢于授权，激励员工主动工作

洛伯定理是由美国管理学家 R. 洛伯提出的。它告诉我们，对于一个经理人来说，最要紧的不是你在场时的情况，而是你不在场时发生了什么。也就是说，当你不在场的时候，可能会发生你所预想不到的事情，那是由于下属只听你的而造成的。洛伯定理给人们的启示是：要想让下属在你不在场的时候知道该怎样做，就要最大限度地向下属授权，并把责任落实到每个下属的身上，这样才能增强下属的积极性和创造性。

领导者，就干好领导者的事

洛伯定理强调的是，如果只想让下属听你的，那么当你不在下属身边时，他们就不知道应该听谁的了。之所以会形成这种局面，这可能并不是领导者的初衷，而是因为领导者事无巨细，事必躬亲，不肯授权给自己的下属，进而抑制了下属的能力和自由发挥的空间。

"领导者，就干好领导者的事"，这是现代管理学的重要理念之一。美国通用电气公司董事长威尔逊说："我整天没有做几件事，但有一件做

不完的事，那就是规划未来。"所以，领导者所处的位置，就要求他必须把主要精力放在解决全局性、方向性的问题上，而不必事事过问、项项干预。作为领导者，事要管得少，但要管得好。

当然，这并非是让领导者高高在上，对下属的工作不闻不问，任由下属自己随意去做。因为这种放任不管的做法，与事必躬亲的后果也无任何差异。所以，作为领导者必须要掌握好领导的这个"度"，才是领导工作的根本所在。一个会当领导者的人，不应该成为一个做事最多的人，而应该成为一个做事最精的人。

在管理一个企业时，领导者要适当给予下属自主的空间。如果说领导者总是采取高压政策，对每一个下属都不信任，总喜欢大权独揽，毋庸置疑，这样的领导者就像是一个掌管全局的"大管家"，他的下属不需要有精明的头脑，不需要有主见，只需要照着领导者所说执行即可。虽然这样的领导者可以把一个企业管理得井井有条，但是他手下的员工却被这样的管理方式变成了一个只会听话行动的"好同志"。一旦领导者不在场时，下属们就会变成一群无头苍蝇，一盘散沙。

对于领导者而言，提高管理效能最根本的办法是干好领导者的事。乍一听来，这似乎是不言自明的事，其实不然。实践表明，要做到这一点并不容易。大多数领导者总是"不务正业"，专做一些下属该做的事。这样一来，尽管领导者"两眼一睁，忙到熄灯"，但是效率却十分低下。想要改变这种状况，就要从以下两个方面做出努力：

1. 领导者要最大限度地向下属授权

一些领导者之所以每天忙忙碌碌，却又忙不到点子上，其原因就是不肯放权于下属。这类领导者一方面抱怨自己手头的事情太多，忙不过来；另一方面又事无巨细、事必躬亲，费心地做着一些无用功。当下属将手中的工作提交上去时，领导者就亲自去处理那些本应由下属处理的问题，以致让自己陷入事务圈子中不能自拔。这种包揽各种权力于一身、唱"独角戏"的做法，实在有些得不偿失。甚至可以说，此举有失领导身份。

2. 领导者要尽量排除不必要的工作

作为一名领导者，为了节省时间和精力，提高工作效率，就不要插手下属职权范围内的工作，更不要做一些无效的工作。对于那些非做不可的工作，领导者要学会综合去考虑，哪些事需要先处理，哪些事可以后处理；哪些事需要专门去处理，哪些事可以合起来处理；哪些事需要用完整的时间去处理，哪些事可以用零碎的时间去处理……

真正的领导者，就是做好自己该做的事，做好摆在面前的事情。所以，无论你是"创业型领导者"还是"普通领导者"，首要的任务是培育、激励下属，在激发下属潜能的同时，还要适当授权给下属，让他们能够从中得到磨炼与成长，成为一名具有判断、创新能力的人才。如此一来，领导者也能拥有更多的时间，去做更重要的决定，去思考更美好的企业远景！

合理授权是领导者的"分身术"

在洛伯看来，领导者就要管理好自己的队伍。其关键不是领导者在场时的情况如何，而是领导者不在场时的情况会是如何。如果领导者只想让所有的下属都听你的，那么当你不在场的时候，他们也许就不知道该听谁的，变得无所适从，互相推诿，从而错失诸多良机。所以，作为领导者不必独揽大权，事事亲力亲为，该授权时则应授权。

任何一个领导者，他的时间、经历和经验都是有限的，不可能参与完成企业所有的目标任务。如果事必躬亲，自己累得心力交瘁不说，下属也会对工作失去热情。久而久之，还会让下属产生依赖心理或不被信任的感觉。所以，领导者要学会放权放能，充分发挥下属的创造性和主动性，切勿事无巨细、凡事都管。只要领导者合理授权给下属，就能让企业快速进入良性运转期。

何谓授权？授权就是指上级领导者要将部分职权委托给下属的行为。其实质就是领导者不要去做那些下属可以做的事，而要做一些必须由自己来做的事。授权的目的，就是让领导者的能力得到进一步延伸。具体来说，授权有以下几项好处：

1. 可以减少领导者的工作负担，使之从琐碎的事务中解脱出来，腾出更多的时间和精力去考虑至关重要的、战略性的、全局性的问题，从而更有效地进行决策和指挥。

2. 可以增强下属的自信心、荣誉感和责任心，激发他们工作热情的同时，也可以调动他们的积极性，有效地提高他们的工作效率。

3. 可以在工作实践中培养和锻炼下属，有利于增长下属的才干。

4. 可以发挥下属的专长，弥补自己的不足。领导者应当尽可能地把自己不擅长的工作授权给在这方面有专长的人去做，从而提高领导工作的质量。

5. 可以改善领导与下属之间的关系，使下属从等级服从、层层听命的消极被动状态改变为合作共事、互相支持的积极主动状态。

综观那些成功的企业，虽然授权程度没有统一的标准，但是作为领导者就要根据下属的实际工作能力和经验去决定授权的大小。或者说，那些看似细节的权力可能并不在授权之内。但是领导者必须要告诉下属：即使他不在场的时候，他们也要学会处理随机事件，尤其是关乎企业命运的突发事件。

那些不愿授权和不会授权的领导者，将会给自己积聚愈来愈多的决策事务，使自己沉陷于日常琐碎的细节中，变成碌碌无为的"事务主义"者。此外，领导者的专权，也会压抑下属的积极性，从而使下属失去工作的主动性。

作为一名领导者，或许总是会遇到下属提出的"我能干得更好""我肯定没问题""我会做得更好"等疑惑。如果真的遇到这样的情况，就要及时采取行动，以确保你的下属受过培训，具备完成授权任务的条件。或许在你的支持、鼓励和指导下，这些下属会在工作中逐渐成长起来。由此看来，合理授权至关重要，也势在必行。

作为一名领导者，要学会科学合理地授权给自己的下属。通过合理的授权，使领导者重在管理，而非从事具体事务；重在战略，而非战术；重在统率引导，而非事必躬亲。因为合理授权，就是领导者的一种"分身之术"，不仅有利于领导者议大事、抓大事，还可以把握方向、把握大事，提升把握全局的能力。

第三章 沟通

第8课

斯坦纳定理：话少有分量，善听藏克制

斯坦纳定理是由美国心理学家斯坦纳提出的。它是说在哪里说得越少，在哪里听到的就越多。只有专心听取别人的观点，才能更好地说出自己的想法。说得多了，说的就会成为做的障碍。斯坦纳定理告诉人们：善于倾听会让你受人欢迎，积极倾听可以化解矛盾、解决冲突；不要自以为是、不听劝告，学会倾听你永远不会吃亏。

做一个会倾听的沟通者

斯坦纳认为，善于倾听的人，并不是说话最多的那个。他们在管住嘴巴和耳朵的同时，不光懂得察言观色，懂得用耳朵听别人、听世界，还懂得用眼睛、鼻子去感受整个说话的氛围。所以，善于倾听，亦是一种观察

世界的态度。

有人曾做过一项关于友情的调查，调查结果显示：在人际交往中，那些善于倾听的人，往往会拥有更多的朋友，而那些能言善辩、引人注目的所谓的演说者，身边的朋友却没有想象中的多。

从某种意义上讲，会倾听比会说话更为重要。在现实生活中，每个人都有自我表达的强烈欲望。聪明的聆听者，会给说话者更多表达的机会。你倾听得越多，就会变得越聪明，也会拥有更多的伙伴。毕竟一个倾听者比一个擅讲者更能赢得别人的好感。当然，成为一名优秀的倾听者，并非一件易事。

第一，倾听者要注视说话人。如果对方值得你倾听，肯定也值得你注视。

第二，倾听者要适当靠近说话者，专心致志地倾听对方，会让对方有一种感觉：你不愿意漏掉任何一个字。

第三，倾听者要学会提问，使说话者知道你在认真倾听，因为提问题也是一种较高形式的奉承。比如，上学时，如果老师在台上做完演讲，而下面的同学却没有一个人愿意提出问题，或者说没有一个人愿意回答老师的问题，氛围就会显得异常尴尬。

倾听是一种获取信息的方法，只有认真倾听，才会获得你想要的信息；倾听是一种交往艺术，只有认真倾听，才能达到良好的沟通效果。有时候，无声的倾听比有声的语言更有感染力。

英国作家拉迪亚德·吉卜林曾这样描述恰当的提问与回答："我有 6 个忠实的仆人，他们可以告诉我所有我想知道的事情。他们的名字是：什么、为什么、何时、何地、怎么样、谁。"当你在倾听别人谈话时，如果掌握了吉卜林口中所说的那 6 个"忠实仆人"的六大要素，肯定会对你有很大的帮助。在人际交往中，说什么、如何说、何时说固然重要，而更重要的是如何倾听。那么，如何才能做好倾听呢？就需要掌握以下三个要素：

1. 带着"心"去倾听

带着一颗真诚的心去倾听，才能达到沟通的目的。如果你与对方有一定的误解，短时间内可能无法调整好自己的心态，那么在此期间，彼此都不要进行交流和倾听。等你完全调整好自己的心态，再带着一颗真诚的心去倾听，就可以达到倾听的效果。

2. 带着"脑"去倾听

倾听并不是说只用耳朵去听，还要带着自己的头脑去听。一边认真倾听，一边要仔细琢磨：他讲的是什么问题？要达到什么样的效果？对我有什么帮助？我应该如何回答？所以，倾听并不只是听的过程，还需要你去思考、分析，必要时还要用脑子去判断和作答。

3. 带着"爱"去倾听

专注的倾听和随心所欲的倾听是完全不同的。在倾听的过程中，如果你的心中没有对他人的爱，没有对他人的关心和理解，只是装模作样地坐在那里倾听，即使你听得再认真，也不过是一种形式。只有带着爱的真心去关注，才能达到倾听的目的。

倾听，是彼此之间沟通的前提。如果你想要与对方沟通，就要先让对方把话讲完，才会在不知不觉中拉近与对方的距离。真正的沟通赢家，不是说话最多的那个人，而是最会倾听的那个人。所以，要想进行有效的沟通，就要从做一个优秀的倾听者开始。

学会适时闭嘴，你就赢了

"知乎"上有一条让人称赞的职场技能："职场上 80% 的话其实没必要说。"这句话，形象地验证了初入职场时常听到的一句嘱托："少说话，多做事"，这也是斯坦纳定理给人们的深刻启示。

小时候，父母教我们咿呀学语、蹒跚学步，花费了不少的时间和精力；成长阶段，父母又要求我们敢说话、多说话；直到后来，我们步入社会，走进职场，现实又告诫我们学会适时闭嘴，做一个合格的职场人。

在金融职场综艺节目《闪闪发光的你》中，米未传媒创始人马东提出了这样一个观点：学会闭嘴是一切的开始。有一位实习生因为"话痨"，被导师当场批评，但她并没有第一时间反思自己，而是找理由为自己辩解，结果却遭到了导师更严厉的批评："面对错误，如果只找个理由搪塞过去，还会认真反省吗？"对此，网友们的评论呈现出了一种"一边倒"的趋势：当别人指出你的错误时，不要第一时间去辩解。有时候，适时闭嘴比大胆地为自己辩解更有效。

海明威曾说："我们用两年时间学会说话，却要用一辈子的时间学会闭嘴！"很多时候，学会说话，是一种极为难得的能力，但是学会闭嘴，更是一种无上的智慧。毕竟嘴巴才是传递语言的主要通道，你的多言、少言、言辞不当等都很容易伤及无辜的人。更有甚者，你会因为自己那张嘴而与人结仇，让自己无路可走。所以，适时闭嘴不仅是一种修行，也是一种最好的职场社交能力。

职场中，会说话的人不少，但懂得闭嘴的人却寥寥无几；生活中，很多的事情都不必过分苛求，该来的总会到来，懂你的人无须过多解释也会理解你。所以，只要学会闭嘴，就懂得了用心经营属于自己的天地，不会因为芝麻大小的事而心生烦闷。如果遇到下面三种情况，请一定要适时闭嘴：

1. 被领导批评时

作为一个职场人，你不能因为受到领导的批评而表现得不服气，甚至口不择言。比起辩解，你应该学会闭嘴，给自己留一些思考的时间，才能更好地解决问题。然而，很多人在受到批评时，总是会本能地想通过辩解来反击对方。这时候，我们应先闭嘴去了解被批评的原因。如果真是自己的原因，就想想如何改正和补救；如果不是自己的原因，也要先让领导说完，再做出合理的解释。

2. 得到他人的指点时

在职场中，虽然展示自己的优势很有必要，但是也要把握好一定的分寸，不要为了给对方留下深刻的印象而过度表现自己。尤其是在一些老同事面前，如果你总是滔滔不绝地讲个不停，让对方没有任何插嘴的机会，就会显得很没有礼貌。同时，在工作的过程中，如果同事指点你的工作，你也要学会适时闭嘴，认真地去倾听，让自己更好地理解和学习。

3. 别人向你抱怨领导时

众所周知，职场的大忌就是与同事讨论公司的八卦。一旦发生问题，就会把自己牵涉其中。所以，当同事向你抱怨领导时，一定要学会闭嘴。一方面，你不要跟着同事一起抱怨，以防传到领导耳中引起不必要的误会。另一方面，你不要当面反驳同事，数落同事，让同事觉得你不过是"假清高"，从而影响你和同事间的关系。所以，遇到有人向你抱怨领导，就要学会适时闭嘴，并及时转移话题。

你会发现，职场中那些深谙说话之道的人，他们并不是在胸膛上"开窗口"，而是在嘴巴上"装阀门"。因为他们懂得多听少说的道理，也就是说，他们深知斯坦纳定理。一个人的脑袋必须要学会思考，一个人的嘴巴必须要知道适时关闭。懂得闭嘴，就意味着你懂得了理解和尊重别人，从而成为一个更加优秀的自己！

第9课

费斯诺定理：不要让你的舌头超过你的思想

> 费斯诺定理是由英国联合航空公司总裁兼总经理费斯诺提出的。它是说每个人都有两只耳朵，却只有一张嘴巴，这就意味着人们应该做到少讲多听，毕竟言多必失。费斯诺定理给人们带来的启示是：其一，只有听取别人的，才能说出自己的，虚心听取别人的意见，是一个人进步的必要条件；其二，多听、多做、少说，是一个人成熟的重要表现。

先学会听，再学会说

有人曾经看过这样一段简短的对话，小孙子问爷爷："为什么人有两只眼睛、两只耳朵、两只手，却只有一张嘴巴呢？"爷爷告诉小孙子："这是让人多做事、少说话呀。"其实，这位爷爷的言外之意就是：多听、多做比多说好。同时，这段对话也是在提醒人们，学会说话之前，要先学会倾听，才更懂得如何与人相处，这就是所谓的费斯诺定理。

在与人相处的过程中，我们要学会说话。但是，在学会说话之前，首先要学会倾听。因为只有学会倾听，才能说出合适的话，才能更好地与别人相处。如果你是一个不太擅长说话的人，你就更需要多听、多看。只有你把别人的话听进心里，才能洞察别人，理解别人的心理需求。学会倾听，你才会走进别人的内心世界；不懂得倾听，必然会逐渐淡出别人的视线。

莫里斯曾说："要做一个善于辞令的人，只有一种办法，就是学会听人家说话。"学会倾听，是学会说话的前提。试想一下，一个不愿意去倾听别人的人，如何知道别人内心的真实想法，又如何懂得与别人交流？所以，只有你听多了、看多了，才会知道在什么场合，面对什么人，该说什么话。同一件事，不同的人有不同的感受。所以，面对不同的人，就要有不同的说话方式。

戴尔·卡耐基曾有一段经历：有一天，他去纽约参加一场晚宴。在这场晚宴上，他碰到了一位知名的植物学家。但是，他从始至终都没有与植物学家说上几句话，只是全神贯注地听着。等到晚宴结束后，这位植物学家便向主人极力称赞戴尔·卡耐基，说他是这场晚宴中"唯一能鼓舞人"的一个人，更是一个"有趣的谈话高手"。

其实，当时的卡耐基并没有过多地说话，只是在旁边细心聆听，却博得了这位植物学家的好感。可见，真正会说话的人都是懂得倾听的人。只有这样的人，才会把说话的机会留给别人，让别人畅所欲言，尽情表达，而自己只会认真聆听。听得越多，越能了解与自己谈话的人，从而更容易与对方相处，并博得对方的好感。

然而，现实中的人们往往只注重说话的技巧。殊不知，倾听也是一种很重要的能力，更需要讲究一定的技巧。一个善于倾听的人，是能够与别人共情的；一个善于交际的人，能够站在别人的角度去思考，也能够在自己说话时考虑别人的感受。所以，真正的倾听是有来有往的，而不是一味地在表面上去敷衍别人。如果别人正在说话，而你却在做其他的事，或者心不在焉，这就不叫倾听。

杨澜曾这样奉劝读者："学会说话前，请先学会倾听。"倾听是要用心去感受别人，并且能够给予别人适当的回应、理解或者帮助，这样的倾听才会有效果。你会发现，那些擅长交际的人，并不是人群中说话最多的人，而是那些会倾听的人。也正是因为他们懂得倾听，所以才能很好地与对方沟通。

懂得倾听的人很受别人的欢迎，因为他能够用心去感受别人说的话，会让别人对他产生信任感，甚至会对他推心置腹，把心中的秘密都告诉他。所以，在你学会说话之前，请先学会认真倾听吧！

真正的"高手"都很少说话

大多数希腊哲人都讨厌饶舌之徒，而喜欢谦虚倾听的人。喀隆曾说过这样一句话："不要让你的舌头超过你的思想。"

对于管理者而言，信息是决策的基础，如果搞不清楚信息，自然无法获得正确的决策。而倾听就是获取信息的方法之一，只有认真去倾听，才能获得准确的信息，让信息为决策提供依据，这就是费斯诺定理的核心。一个人在做人处世时，应该多听少说，用有效的行动做好自己的工作，这样的人才是真正的"高手"。

"高手"之所以是"高手"，并非在于他比你拥有更多的机会，而是因为他们懂得少说话、多做事的道理。多听少讲，并不是说让他们不要讲话，而是让他们懂得低调做人。武侠小说里的"高手"，大多数都是那些平日里隐藏很深，出招时却有力挽狂澜之势的人。所以，真正的"高手"都很少说话，都是从管好自己的嘴巴开始的。

心理学研究表明，越是善于倾听的人，与他人的关系就越融洽。真正的沟通"高手"，都懂得倾听的重要性。倾听，既是一种获得有效信息的途径，又是一种有效沟通的方法，更是对他人的一种尊重。因为倾听本身就是对对方的一种褒奖，一个人能耐心地倾听对方的谈话，就等于告诉对方："你是一个值得我尊敬的人。"既然如此，对方又怎能不做出回应，并表现出对倾听者的好感呢?

美国人际关系学大师卡耐基曾说："对和你谈话的那个人来说，他的需要和他自己的事情永远比你的重要得多。在他的生活中，他要是牙痛了，要比发生天灾导致数百万人伤亡的事情更重大；他对自己头上生的小疮的在意程度，比对一起大地震的关注还要高。"的确如此，对于每一个人来说，其本身就是一个"独立王国"。如果你想要在工作和生活中建立和谐的人际关系，就必须要学会善于利用自己的耳朵，做一个懂得倾听的人，成为别人忠实的听众。

虽然这个道理说起来简单，但能真正做到的人却并不多。有相当多的人因为缺少倾听他人的耐心，而更喜欢自己主导话题。殊不知，善于倾听别人的意见，既是对他人的尊重，又能够赢得他人对自己的尊重。说到底，这也是一个人能够获得成功的必备素质。

在公司会议中，能够走出来维持秩序的人，多半都拥有超凡的才能。他之所以能够觉醒，是因为他一边在用耳朵倾听，另一边在用脑袋思考。只有博采众家之长，整合出适合自己并独树一帜的风格，才能被称为是职场的"高手"。当然，其前提还是要求你学会倾听。在职场中，如果你想成为一个"高手"，就应该知道自己最需要倾听什么。

1. 倾听领导的高招

平日里，那些大领导们总是日理万机，很少有机会静下心来真正教你几招。所以，只要领导们一现身，你就务必要竖起耳朵，仔细倾听领导们是如何处理事情的。你会发现，那些最高深的招数往往是领导们在不经意间提出来的。

2. 倾听领导的盲点

既然职场中并不存在完美，自然也就不存在完美的领导。每个领导都会有自己的盲点，只要你用心去倾听他的盲点，你就可以避免摔跤。同时在最关键的时刻，你还要适时给予领导一些支持和帮助，以便为自己的职场表现加分。

3. 倾听下属的需求

即使你是一名高高在上的领导，也需要倾听下属们的要求。只有能够满足下属需求的人，才能算得上是一个有分量的领导人。能够同时满足的人数越多，说明你这个领导在下属们心中的分量越重。

多听少说，不仅是一个人成熟的表现，也是一个人为人处世的首要准则。所以，倾听是和解的开始，更是相互沟通的前提。你会发现，只有认真倾听，才会在不知不觉中拉近双方的距离，从而达到沟通的目的，做一个真正的沟通"高手"。

第10课

牢骚效应：让对方说出自己的不满和意见

牢骚效应是由美国密歇根大学社会研究院提出的。它是说凡是公司中有对工作发牢骚的人，那家公司或老板一定比没有这种人，或有这种人但把牢骚埋在肚子里的公司要成功得多。牢骚效应告诉人们，每个人都有各种各样的愿望，但真正能达成的却寥寥无几。对那些未能实现的意愿和未能满足的情绪，千万不要压制在心里，而是要让对方发泄出来，这对人的身心发展和工作效率的提高都是十分有利的。

牢骚，宜疏不宜堵

哈佛大学心理学系的梅约教授组织过一个"谈话试验"。这一实验的具体做法是：研究人员找个别工人进行谈话。在他们谈话的过程中，研究人员要耐心地倾听工人们对厂方的各种意见和不满，并做详细的记录。同时，对于工人们透露出的不满和提出的意见，研究人员不能进行反驳和训斥。这一实验研究的周期是两年。在这两年多的时间里，研究人员先后与工人们谈话的总数达到两万余次。

实验结果发现，这两年来，工厂里的产量竟然有了大幅度的提高。经过总结，他们得出一个结论：在尚未进行"谈话实验"之前，由于工人们长时间对工厂有各种不满情绪，但又无处发泄而情绪低落，导致工作效率下降。经过"谈话试验"后，工人们内心的所有不满都发泄了出来，工人们感到心情舒畅，工作起来更有干劲，工作效率自然也就提高了。这就是一种牢骚效应。它的意义在于，提醒我们要让周围的人学会宣泄。

后来，这种牢骚效应被世界许多国家的企业所借鉴。在美国的一些企业中，还设定了一种叫 HopDay（发泄日）的制度，就是在每个月里专门挑出一天时间，让员工们自由发泄心中的不满。在这一天里，员工可以对公司同事和领导直抒胸臆，员工跟领导开玩笑、顶撞都是被允许的，领导不可以就此迁怒于员工。这种形式使员工平时积郁的不满情绪得到有效的宣泄，缓解了他们的工作压力，同时也提高了工作效率。

美国企业的这一制度，不仅提供了一个让所有员工与领导沟通的机会，也起到了调节气氛的作用。所以，牢骚效应本质上就是一种沟通效应，只是这种沟通更多的是在员工有挫折感时发生。当然，无论是发泄还是提建议，其本质都是在与人沟通。在沟通的过程中，想要更好地发挥牢骚效应，就要注意以下几个事项：

1. 要建立好沟通的渠道

不仅要让员工的牢骚彻底地发泄出来，还要在适当的时候让管理人员听听员工们的牢骚和意见。但需要注意的是，不要让管理人员的牢骚被员工所知晓。如果那样，就会影响到员工的士气，对员工的影响也很大。

2. 要建立适合的制度

在建立一个适合自己企业的制度之前，要分清楚哪些牢骚是可以存在并被允许的，哪些是不可以存在且不被允许的。

3. 员工的牢骚宜疏不宜堵

在公司里，大多存在着正式和非正式两种组织。而牢骚在非正式组织内传播的速度更快。可以说，一句真话经过多个人的传播后，就可能变成了一句假话，而牢骚经过多人的传播后，就可能形成一种谣言。

4. 要学会分析牢骚

对于管理人员尤其是高层管理人员来说，要认真地分析牢骚的背景、产生的原因，从而推动工作改进，建立一个和谐的工作环境。

实际上，牢骚效应讲的就是"堵"与"疏"的问题。这就如同一个水池一样，一旦出现流通不畅的现象，慢慢地就会被堵住。如果流通顺畅，即使有些许杂质也会随水流走，水池自然也就不会堵住了。大禹和他的父亲鲧都进行过治水，鲧采取的方式是堵，结果东堵西决，此堵彼溢，历经9年也没有发挥任何效用。大禹则采用疏导的方法，将水都引入大海，最终根治水患。

同理，牢骚也是宜疏不宜堵。如果不让员工适当地发发牢骚、提提意见，员工的不满情绪就会聚集在内心而无法发泄出来。一方面，员工如果带着情绪工作，就会导致公司死气沉沉，如同死水一潭，失去了活力，便会形成无声的抗争。另一方面，一旦员工的不满情绪爆发了，就会进一步激化矛盾，极有可能造成劳资双方两败俱伤。

虽然有些牢骚听起来逆耳，但往往能够一语中的。所以，领导们只有放下架子，尊重自己的员工，打开听意见的"大门"，把员工的意见"迎"进来，才能疏通员工淤积在心中的怨气。只有给员工提供发牢骚的机会，才能让员工心情舒畅地投身到工作中，这对人的身心发展和工作效率的提高都发挥着重要的作用。

发牢骚并非不是好声音

针对牢骚效应，梅约教授进一步说："牢骚是改变不合理现状的催化剂，牢骚虽然不总是正确的，但认真地对待牢骚却是必要的。有人发牢骚，说明他对现状不满意，甚至对改善这种不满意现状有了自己的信心，否则的话就不会发牢骚。"由此可见，有牢骚未必是件坏事，关键在于你如何对待牢骚及化解牢骚。

无论是在生活还是在工作中，每个人都会产生一定程度的不满，而愿意听别人发牢骚的人却不多。对于管理者而言，这更是一个巨大的挑战。一般情况下，管理者最希望看到的是员工们埋头苦干的样子，而最不愿意听到的就是员工们发牢骚的声音。如果管理者能够凭借某种方法让员工们没有牢骚，那其实是非常可怕的事情。因为一旦员工对公司没有了热情和感情，就会把上班作为赚取工资的例行公事。

在这种情况下，员工何来使命感和归属感？又何来企业的效率和竞争力？任何一家公司的管理都不可能十全十美，都有可以改进的空间，都是随着市场的发展而不断地改进。作为员工，如果能够善于发现公司的欠缺之处，并为公司提出改进意见，就会被领导发现并重用。然而，牢骚也不能随意乱发，需要注意以下几点：

1. 发牢骚要经过大脑

试想，如果你发牢骚太过随便，领导就会觉得你不够稳重，沉不住气。此外，如果你以随意的方式发牢骚，也会被领导厌弃，因为你冲动的性格很有可能有意无意地对大家造成一定的威胁。

2. 发牢骚也要心情好

大多数时候，我们总会带着负面情绪去发牢骚，似乎看谁都不顺眼。如果你想做一个成熟的人，即使情绪再低落也不要表现在脸上。即使是对自己的领导、对同事发牢骚，也要在你心情好的时候。因为只有在这个时候，你的反应才会更快，不至于让自己陷入被动的状态。

3. 同一件事不要反复发牢骚

对一件事情不满是正常的，发过牢骚之后就无须再提了。过去的事就让它过去，如果非要针对同一件事情去反复地发牢骚，毋庸置疑，你很快就会变成办公室里的"祥林嫂"了，谁见了你都会躲着你。

4. 发牢骚要采用委婉的方式

有人说，发牢骚还需要讲究方式吗？当然，发牢骚也不是张口就来，要采用比较委婉的方式。如果说话太过直接，很有可能你的小牢骚会成为别人的大把柄。再者说，以这样的形式去发牢骚，就起不到任何的作用了。

5. 家庭牢骚要保留

在一个家庭中，难免会发生这样、那样的事情。对于家庭中的牢骚，最好在家里解决，不要带到办公室去。因为同事对你家庭的事情除了好奇，剩下的就是利用。在领导眼里，一个连家事都处理不好的员工，对于工作的事情也就可想而知了。

作为一名员工，应该时刻谨记不要在领导背后乱发牢骚。即使发牢骚，也应该发正面的牢骚，而不是负面的牢骚。所谓正面的牢骚，其实就是有建设性的"牢骚"。如果对公司的各项管理制度或决策有不同的意见，可以通过正常的途径，将其转化为建议，并以正确的方式向领导传达。

作为一名管理者，除了能听到随性的声音，还能听到发牢骚的声音。然而，这并非不是好声音。只要你在发牢骚时拥有正面、健康的情绪，就一定可以拥有正面、健康的职业发展之路。

第11课

避雷针效应：善疏则通，能导必安

避雷针效应是指在高大建筑物顶端安装一个金属棒，用金属线与埋在地下的一块金属板连接起来，利用金属棒的尖端放电，使云层所带的电和地上的电逐渐中和，从而保护建筑物等避免雷击。避雷针效应给人们的启示是：第一，心中要有避雷针，作为国家机关工作人员，要对法律对纪律对道德对民众怀有敬畏之心；第二，要义在于"善疏则通，能导必安"，这点在我们处理政府与群众、领导与员工关系，包括调整自身状态等方面均有启示。

有效沟通，从"心"开始

生活中，人们为了躲避雷电的袭击，就会选择在高大的建筑物顶端安装避雷针。对于现代建筑来说，避雷针是一项重要的防护发明。其实，避雷针的工作原理非常有趣，避雷针本身并不"避雷"，而是"引雷"，即将原本可能毁坏建筑物的雷电通过金属线、金属板和连接装置等转入地面，从而达到"化雷"的作用。

在职场中，有很多人会遇到因为自己对某个人的好恶，而导致简单的事情复杂化，最后激发矛盾，闹得一发不可收拾的情况。因此，"避雷针效应"的重要性不言而喻。无论你是高高在上的领导，还是普普通通的员工，只有善于疏导，才能扫清障碍，解决问题；只有用心沟通，才能在不同的环境中应对自如，游刃有余。有效沟通，不仅有利于员工的意志和步伐的统一，还有利于目标的实现。

据统计，一个大公司的经理每天都将 70% 至 80% 的时间花在沟通上，尤其是在企业发生重大情况时。比如，当员工士气低落时，当员工总是以种种借口推脱工作时，当下属对主管有重大误解时，当企业实施重大举措时，当企业内部发生重大冲击时……有效的管理沟通就会发挥巨大的威力。

对于管理者来说，要想获得有效的沟通，就要抓住对方的心理。有效的沟通，需要从"心"开始。沟通之难，需要看透对方的内心，并在此基础上巧妙地表现自己。你会发现，其实人的心理非常微妙，即使同样的一句话，不同的人在不同的情绪下，也会得到不同的理解。所以，只有读懂对方的内心，才能控制其情绪的变化。

然而，对于沉默的员工，管理者似乎有些无计可施。因为员工一旦变得沉默，就如同一扇关闭的门。如果管理者在交往中稍有不慎，对方就永远不会向你打开心扉。那么，如何才能让沉默寡言者向管理者敞开心怀呢？

1. 管理者应该试着走进员工的内心世界

只要管理者抓住沉默者的心理，员工就会向管理者敞开心扉。如果员工因为遭遇挫折而沉默不语，管理者不妨表示同情，可以用一种宽慰的语气对员工说："如果我处在同样的环境，遇到同样的事情，肯定也会失败的。"这样一来，员工就不再担心管理者会严厉地批评他，自然也愿意和管理者展开交谈。

2. 管理者不能总是对员工指手画脚

当员工妥善处理了自己分内的工作之后，管理者不要总是摆架子，对员工呼来喝去。当管理者看到员工忙到顾不上吃饭、休息时，依然无动于衷，这种事不关己、高高挂起的心理和行为，是不利于管理者的管理的。即使管理者遇到了与自己没有直接关系的工作，也要像对待自己的事一样做出积极的姿态，这样才能感化其他员工。感化员工的关键在于情感、需求、本能等行为动机，而不要跟员工空谈道理，那样是没有任何效果的。

由此看来，用心沟通，才能做到有效沟通。用心沟通，强调的是人与人之间心灵的交流，包括用心倾听、用心体会，那些心不在焉、左耳进右耳出的交流并不是真正的沟通。当两个人的意见或观点出现分歧时，通过用心的交流，就会进一步化解矛盾。只有读懂对方的心，了解对方的感受，站在对方的立场，沟通才会起到一定的作用。

如果我们能够用心沟通，多注重思想和情感的交流，就会赢得更多的时间，矛盾也会得到缓解。想要进行有效沟通，就要从"心"开始。

学会制作自己的"避雷针"

曹操很喜爱曹植的才华，想废了曹丕，转立曹植为太子。针对这件事，曹操向贾诩征求意见，贾诩却一声不吭。

曹操奇怪地问："你为什么不说话？"

贾诩说："我正在想一件事！"

曹操问："你在想什么事呢？"

贾诩答："我正在想袁绍、刘表废长立幼招致灾祸的事。"

曹操听后，立刻明白了贾诩的言外之意，于是不再提废曹丕的事了。

这就是"避雷针效应"，它讲述的是善疏则通、能导必安的道理。

在职场中，我们每天都要和形形色色的人打交道，每天都要处理各种不同的人际关系，难免会遭遇一些人际矛盾。比如，处理某件事时与领导的意见相左，与同事之间产生了某种误会等。其实，处理职场矛盾最好的方式就是沟通和疏导，这也正是"避雷针效应"给人们带来的启示。

在职场中，不同的人，会有不同的性格。所以，我们需要学会制作自己的"避雷针"，特别是在工作中和同事、上司之间发生矛盾冲突时，要及时调整自己的状态，选择合适的时机、方法与其进行沟通，以避免激化矛盾，从而给自己的职业生涯扫清障碍。那么，应该怎样运用"避雷针效应"呢？

1. 发现矛盾苗头，要及时避免矛盾

事实上，每个人都不希望发生矛盾，都希望彼此能够和谐共处。然而，人本身就是一种矛盾体，没有矛盾是人际交往中最理想的境界。所以，在人际交往过程中，一旦发现有矛盾或者冲突的苗头，就要想方设法将矛盾消灭在萌芽状态。

2. 要少说空话，多办实事

在职场上，与同事、领导建立良好人际关系的前提，是少说空话，多做实事。与此同时，还要多坦诚沟通，调整好着急的心态，遵循社会与职场规则。一旦产生矛盾或者冲突，就要想办法化解矛盾，而不是任由其发展或者激化矛盾。

3. 矛盾双方要彼此尊重

当出现矛盾或冲突后，矛盾双方应该多从自己身上找原因。比如，自己哪方面做得不好，从而影响了对方的利益。除此之外，还要多从对方的

角度考虑问题，多为对方想一想，很多矛盾就会化解。"有理也应让三分"，只要及时沟通、处理人际矛盾或冲突，就能够避免激化矛盾。

4. 解决矛盾时要就事论事

一旦发生矛盾或冲突，我们一定要保持清醒的头脑和冷静的心态，要就事论事，不要牵扯其他问题，更不要采取过激举动而使冲突升级。否则，很容易使矛盾激化，使冲突加剧。毕竟矛盾的沟通和疏导机制的存在，对每一个身在职场的普通员工、每一个企业或者集体来说，都是至关重要的。

对于企业来说，管理者会在第一时间发现企业危机的信号。只要他们发挥好作用，通过公司的某种机制，就可以解决一些困难。可以说，每一场灾难或困难都不是前所未有的。在公司的发展中，必须吸取其他公司成败的经验教训，针对可能出现的重大问题做出预案。

除此之外，公司还应建立危机处理机制，一旦事故到来，立即启动应对机制，通过机制的能量解决无形的困境，或尽量减少损失。所以，只要我们能够总结教训，设计预防措施，就可以让公司出现的重大问题迎刃而解。

第四章 协调

第12课

氨基酸组合效应：当缺一不可时，
"一"往往就成为"一切"

在生物学的范畴中，人体内有重要的8种氨基酸成分。这组成人体蛋白的8种氨基酸只要有一种含量不足，其他7种就无法合成蛋白质，从而影响人体的基本营养供给。后来，人们把这种现象称之为氨基酸组合效应。也就是说，当缺一不可时，"一"往往就成为"一切"。氨基酸组合效应告诉人们：当事物内部各要素之间相互关联、互相牵制时，要统筹全局，不可厚此薄彼，要照顾到每一个环节，毕竟细节决定成败。

协调一致，才能发挥团队力量

氨基酸组合效应是一种生物学上的概念，在解释这种效应之前，我们可以举一个生活中很常见的例子。请问一个拼图到底需要多少块单片才算

氨基酸组合效应：当缺一不可时，"一"往往就成为"一切"

完整？答案是全部的单片。只要缺少了其中一块单片，这个拼图都是不完整或者没有拼装成功的。这就是一种氨基酸组合效应，它阐释了一个十分简单的道理，即当"缺一不可"的时候，"一"往往就成为"一切"。

这条黄金管理定律告诉管理者，只有协调一致，才能发挥团队力量。何谓团队？团队是由不同的人才组成的。企业在激烈的市场竞争中生存，总是会面临各种各样的矛盾和选择，这就要求管理者要有一个科学的方法论，有一套逻辑思维的程序来决定自己的行为。唯有协调好每一种人才的优势，才能让团队发挥应有的作用，从而形成一个强大的整体。

联想集团曾被柳传志解释为"一个人与别人相比，比人家弱，合在一起就比较强"的企业。这一方面在联想汉卡的成功研制上得到了很好的体现。当时，联想研究队伍的实力相当雄厚，不仅设立了直接从事汉卡研究的一个近十人的小组，还让数十名具有研究员、副研究员职称的专家带领一支上百人的队伍，分别负责采购、生产、销售、培训和维修等工作环节，各尽所长。正是这样一个队伍，使联想汉卡的研制工作取得了全面的成功。

在一个团队里，不同年龄、不同专业、不同个性、不同性别的组合可以互补增值，充分发挥团队成员之间优势互补的作用，从而形成超强的战斗力。这样的团队才能成为攻无不克、战无不胜的团队。然而，团队精神的形成并不要求团队成员牺牲自我，相反，明确的协作意愿和协作方式则会产生真正的内心动力。那么，怎样才能具备团队建设的核心精神呢？

1. 树立共同的目标，是团队建设的基石

每个人都必须忠诚于自己的团队，忠诚于自己的事业，做好自己的本职工作，为共同的目标不懈努力。如果没有人努力，这个团体还会存在吗？如果大家都朝着不同的方向拍翅膀，这个团体还会被称为团体吗？所

以，树立共同的目标，是团队建设的基石。

2. 重视团队协作的优劣，是团队建设的关键

在一个企业中，企业的整体利益必然也是一个小团队的利益中心。正所谓殊途同归，如果一根手指可以完成整只手的日常工作，那么我们只需要一根手指就可以了，还要双手做什么？大雁群的相互协作一是为了种群的生存，二是为了提高每个个体的飞行高度。而部门之间的协作也正是为了提高工作绩效和产品利润。

3. 准确定位角色，是团队建设的重要砝码

无论是一个企业、一个部门还是一个小组，想要共同创造出优良绩效，就需要每一个个体做出准确的定位。大雁飞行中的角色定位和角色互换，使整个团队始终保持着飞行的稳定性和高度。现实工作中的角色定位，不仅可以使员工清醒地认识自己，也可以充分提高团队的综合实力。

每一个优秀的团队，都有着一个共同的特点，那就是都拥有一套协调一致的管理方法，因为只有整个团队达到了一致，才能发挥团队最大的力量。所以，一个企业要想谋求生存和发展，就需要团队精神。聪明的管理者都懂得，团队精神的核心在于协同合作，如果过分追求趋同，团队成员的聪明才智就会被埋没。

现如今，激烈的市场竞争在每一个企业成员身上扩展和深化，个人的力量已经变得微不足道，团队制胜才是决胜市场的法宝。而团队效率的提升可以让团队成员的个体优势得以充分发挥。所以，企业管理者必须善用团队的各种资源，即通过协调一致发挥团队力量，才能在有限的资源下获得巨大的成功。

在团队中学会全盘统筹

氨基酸组合效应告诉管理者在做任何决策时，不能忽略任何一个环节的存在，要学会全盘统筹，深刻地认识每个环节在未来工作中所发挥的效能。

某家公司的共享单车曾经在中国的大江南北随处可见。伴随着共享单车时代的到来，各路资本纷纷跟投，一时间，融资、扩张成了每天耗费管理者精力最多的事情。在管理者的规划下，这家公司的共享单车进入了美国、奥地利等多个国家。然而，就是这样一家企业，却在转瞬之间陷入资金链断裂的旋涡，最终面临倒闭危机。

从该公司共享单车的发展历程中我们不难看出，公司最初兴起时的确具备一家企业成功的所有要素：广阔的市场，受众的需求，雄厚的研发技术，还有多家资本的跟投融资。在互联网时代，这几项要素是成就一家公司成为"独角兽"的基础，这家公司也一度成为全球最有潜力的公司之一。

正是因为管理者们手中持有大把的资金，又坐拥广阔的市场，才做出了扩张市场的决定。管理者们一心只想把共享单车输送到海外的多个国家，却忽略了一个至关重要的要素：资金链能否持续跟进？会不会出现资金链断裂？虽然当前的市场前景十分乐观，但由于缺乏可靠的盈利模式，导致共享单车无法自己造血。持续的烧钱让这家公司的资金链很快断裂，从而跌入倒闭的深渊之中。这就是管理者在做决策时没有全盘兼顾的后果。

企业在发展的过程中，每一个要素都很关键，当每个要素都"缺一不可"时，"一"就是"一切"，这就是氨基酸组合效应的关键所在。同时也是在告诉管理者，在做任何一个决策的时候，都要将每一个要素考虑周全，否则就会为企业发展埋下隐患。除了做决策外，管理者在面对员工的时候，这条定律也同样适用。一个高效的团队，每一个成员都是不可缺少的螺丝钉，任何一个成员出了错，整个团队都会受到影响。

比如法国巴黎银行的管理者，一直以来都很信任自己员工的专业水平和能力，他们始终相信自己的员工能够把工作做得很好。所以，平日里管理者只顾着狠抓业务，放松了对员工的督促。正是这种管理方式，导致有些员工出现了工作懒散现象。后来有一个员工建立了标普 500 指数的相关仓位后，便私自出去度假了。他完全没有考虑到建仓后可能会出现的突发情况。就在他度假期间，标普 500 指数大跌，创下了史上最糟糕的行情，导致银行亏损了 8000 万美金。如果不是因为法国巴黎银行资本雄厚，只怕这次亏损就足以让它破产。

每一个员工都是团队中不可或缺的因子。想要让项目良好地进行下去，管理者必须进行全盘统筹，深刻地认识到每个要素的重要性，不能厚此薄彼。同时，也要时刻观察每一个员工的工作状态，让员工们发挥出各自的关键作用。

同样地，对于一个产品或项目来说，都有其关键的模块，每一个模块都必须要整体统筹。任何一个不完整的产品，都是一个失败的产品；任何一个不完整的项目，都是一个失败的项目。所以，在现代企业里，管理者要努力营造一种适宜的氛围：不断地鼓励和刺激团队成员充分发挥自我特长和优势，最大限度地发挥个体潜能。只有这样，团队才能迸发出巨大的能量。

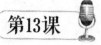

第13课

米格-25效应：个体不突出，
组合好就是巨大的优势

米格-25 效应是指苏联研制的米格-25 喷气式战斗机的许多零部件与美国的相比都比较落后，但因设计者考虑了整体性能，故能在升降、速度、应急反应等方面成为当时世界一流。米格-25 效应告诉人们：其一，最好的未必是最合适的。一个团队、企业是由一个个成员组成，最好的团队未必就是由最好的人员组成的。其二，最好的未必是合适的，合适的才是最好的。一流的人才、二流的团队，不如二流的人才、一流的团队。

最佳整体，就是个体的最佳组合

恩格斯曾讲过一个法国骑兵与马木留克骑兵作战的例子，这个例子与米格-25 效应有着异曲同工之妙：骑术不精但纪律很强的法国骑兵，与善于格斗但纪律涣散的马木留克骑兵作战。若分散而战，三个法国骑兵打不过两个马木留克骑兵；若百人相对，则势均力敌；若是组成一个团队，千名法国骑兵能击败一千五百名马木留克骑兵……

实际上，恩格斯讲述的就是协调作战、协调管理的重要性。虽然马木留克骑兵与法国骑兵各有优势和缺点，但是在不同的要素组合下，胜负有天壤之别。因此，许多管理者就开始尝试着把米格-25效应引用到管理中来，也就是在管理学中所说的协调管理。一家经营最成功的企业，未必拥有素质最高、能力最强的员工，但一定具备最完善的协调机制。也就是说，虽然组织中的每个个体未必是最好的，但组合在一起所形成的整体却是最强的，这就需要个体和整体的最佳组合。

1. 个体的最佳组合

每家公司都是由诸多不同的个体组成的团队，但团队的整体能力并不是所有个体能力的简单相加，关键在于个体之间的组合与协作程度。企业经常会发生这样的事情：为了同一个项目，同家公司、不同部门之间的员工会发生撞车现象，自相竞争导致公司无所适从，不仅浪费了人力、物力和财力，也在社会上产生了不好的影响。所以管理者不仅要重视个体能力的培养，更要注重团队精神的培育，对个体实行动态管理，并进行合理有效的组合，强调个体之间的团结协作。只有这样，才能产生协同效应，提高组织的工作效率。

2. 发挥团队精神

作为企业管理的重中之重，协调就是要把公司的各个管理部门有机有序地联系到一起，使它们朝一个方向发挥作用，从而体现出团队精神。虽然不能保证每位员工的能力都是最优秀的，但至少要保证所有的员工是齐心合力的。日本著名电器公司创始人松下幸之助在这方面有着深刻的见解。他认为，一个人的智慧和能力是有限的，无论多么努力，发挥出来的也只是一个人的力量。靠一己之力，只能有一些小成就。因此，必须集合众智，凝聚合力，才能让大智慧应运而生。

3.最完善的协调机制

一位成功的管理者，不一定是最优秀的行业带头人，但一定是优秀的中间协调员。比如，巴西国家足球队，算得上是世界上最优秀的国家队之一，但是，除了罗纳尔多等几个大牌球星以外，其他的球员并不见得是最优秀的，但是他们的组合与搭配却是和谐完美的。所以，对于一个优秀的足球队来说，并不一定每个球员都是最优秀的，但搭配和组合一定是最优秀的。

综上所述，管理者不可能保证每个员工都是最优秀的，但要保证所有的员工是齐心协力的。管理者用人不仅表现在人才数量的多少上，还在于对人才的优势组合与搭配上。因为在一个拥有众多人才的企业中，全才是极少的，偏才占绝大多数。只要偏才组合得好，就可以构成更大的全才。所以，优秀的管理者不需要苛求全才，只需要尽力将一个有效的人才队伍进行合理的优势组合，充分发挥每个人应有的作用，就能实现更大的团队效益。

牌不在好坏，关键看你怎么打

苏联研制生产的米格-25喷气式战斗机以其优越的性能成为当时世界一流的战斗机，广受世界各国的青睐。米格-25飞机因组合协调而产生了意想不到的效果，这一现象被后人称为米格-25效应。

从某种意义上来说，米格-25效应的实质是用最少的资源消耗，生产出最实用的商品和劳务，获取最佳的效益。有所得，必有所失。正是因为这样，人们在做权衡时才会感到为难。但在选择的过程中，也有一些规律可循。每个人都会自然地作出趋利避害的决策，选择可以让自己利益最大化的选项。

然而，成功的关键不是一个人的经历与资本，而是如何将自身的"烂牌"或"好牌"合理利用的过程。只要寻找到最佳的方法，不打错牌胜过拿到"好牌"。每个人都希望自己手头的资源越来越多，只要付出很小的成本，就可以获得巨大的收益；每个人都希望自己天资聪慧、优秀卓越，就像每一个厨师都希望自己有天下最好的食材一样。然而，好料并不一定就出好菜，还要看厨师的手艺，也就是将资源最优化配置的过程。

大多数时候，我们可能会遇到这样的情形：所有的问题都接踵而至，自己的运气怎么能这么差呢？其实在这种情况下，我们更需要慎重地走好每一步，在走每一步之前都要经过深思熟虑。因为在牌局中，不管你手中的牌多么差，只要你每次出牌时都经过深思熟虑，确保不打错牌，就胜过拿到一手好牌却招招失误。

做任何事情，既要勤奋刻苦，也要开动脑筋。傻瓜总喜欢速决，因为他们行事鲁莽，总是一副急匆匆的样子。有时候，尽管他们判断正确，却又因为疏忽或办事缺乏效率而出现差错。但是智者就不会这样，他们绝不会冲动地选择放弃，在他们眼里，放弃是最错误的做法，只要想方设法开动脑筋，深思熟虑，就一定可以找到最合适的出牌法则。

现实生活中，有人会觉得，为什么别人做的事总是那么好，所以不考虑自身的条件就跟着别人做同样的事情，其结果就是屡屡失败。人生之路，无须苛求。只要你找到适合于自己的发展路线，路就会在你脚下延伸，你的智慧就能得到充分发挥。一个出色的打牌者，他拥有的牌并非总是最好的，但他能将自己手中现有的资源用到合理的地方。小牌有小牌的作用，大牌有大牌的功能，不是说最大的就是最好，而是说适合自己的才是最好的！

第14课

磨合效应：要想达到完整的契合，需双方都做出必要的割舍

在群体心理学中，人们把新组成的群体相互之间经过一段时间磨合而更加协调契合的现象，称为磨合效应，也称耦合效应、互动效应、联动效应。磨合效应告诉人们：很多人想要在感情中坚持自我，不被改变，但真正的生活中，哪有完全不被改变的？世界上既然没有两片完全相同的叶子，也就不会有完全契合的人。能契合的，是经历过磨合、吵闹后，选择为彼此改变，继续努力在一起的人。

磨合需要硬碰硬

磨合现象，最早引起人们的注意是在发明机器之后。当一台机器被组装好后，各个零件之间就形成了相互依赖的关系。只要机器运转起来，就会受到外力的阻挠，这些零件需要做的就是共同面对和消除这些外力。只有这样，才能让机器正常高效地运转。

然而，每个零件都是一个独立的个体，想要让它们共同来抵御外力，

就需要让它们融为一体，而让它们融为一体的过程就是磨合的过程。企业中的组织、人和事，也像机器一样需要磨合。

在磨合效应中，融合并不是一步到位的。它有一个显著的特点，就是双方为了达到默契合作的目的，必须做出必要的割舍。后来，管理者们在工作中才发现，这个磨合效应在团队中也同样存在：一个团队就好像是一台机器，而团队里的员工就是机器上的小零件。虽然每个员工都有自己独特的个性，但是要想完成团队项目，就必须团结一心。在此期间，员工之间免不了会发生摩擦，产生矛盾，这就需要管理者予以重视。而想让员工们团结一致，就需要团队成员相互磨合。

磨合，需要硬碰硬。虽然"磨合"这个词听起来老套，但却是管理中不可逾越的一个过程。为什么管理中会产生磨合效应呢？主要有以下几个原因：

1. 新群体的摩擦作用

在新群体中，每一个个体对彼此都不熟悉，也不了解彼此的特点，这必然会在新的群体中产生一些碰撞。经过一段时间的摩擦和冲突，相互之间就会进一步了解，并逐渐适应对方，也自然会适应这个新群体。即使不是新的群体组建，而是个体进入另一个群体，也会产生摩擦，只是这种摩擦不直接表现出来而已。因此，组建一个新群体或是加入一个新群体，都或多或少会产生一些摩擦，而摩擦的结果很有可能就是磨合效应。

2. 新群体的沟通不善

在一个新群体中，所有的个体间都是陌生的。每一个个体都有自己独有的沟通方式，而且总是会在不经意间表现出来。也许这种沟通方式对方并不喜欢，也很不适应，但因为彼此间并没有那么熟悉，就会压抑下去。如果这样的状况持续，必然会导致经常性的压抑，从而引发冲突。而这种冲突的消解，就很有可能依靠磨合效应。

3. 新群体构成要素的复杂性

一般来说，新群体的构成要素越复杂，其摩擦程度就越大。如果磨合期越长，磨合效应就越不易产生。因为磨合期需要经过物理磨合、化学磨合、生物磨合这三个阶段，才会真正产生磨合效应。可见，在一个新群体的组合阶段，必然少不了矛盾和摩擦。我们应该理解这一过程，并积极推动磨合效应的实现，切忌因为暂时发生了摩擦而拒绝磨合的推进。相对于磨合来说，团队整体或个体之间的长期疏离或冲突，才是对团队最大的伤害，也是一种消极的、不理性的组织行为。

磨合的过程是一个痛苦的过程。在磨合的过程中，团队之间会产生不同的意见，进而产生一些争执与分歧。但只有在遇到问题时互相理解、互相包容，学会换位思考，才可以消除分歧，达成一致。磨合的特点是必须碰撞，它不同于协调，因为协调只停留在理论上，而磨合却要落在行动中。

对于每个人来说，磨合的过程就是尊重他人，克制自己的个性，积极适应他人的过程。磨合不仅是相互适应、相互沟通的过程，也是寻找解决问题最佳方案的过程。所以，我们要学会直面问题，而不是一味地回避问题。总而言之，合作需要默契，而磨合则需要硬碰硬，成功的磨合才能碰撞出火花。

磨合不是撮合，也不是凑合

新组装的机器经过一段时间的使用，才能把摩擦面上的加工痕迹磨光，最终变得更加密合，这就是一种磨合效应。

这一现象在新的自行车、汽车等使用中都会发生，同时也包括操作者和机器之间的"磨合"。比如，一辆新车的汽缸，在一开始时都会有一个磨合期。在这个磨合期内，汽车不能紧急刹车，不能快速移动，速度也不能太快。磨合良好的汽车，将来更耐用，性能也更好。新车买回来首先要做的就是磨合，因为磨合的好坏直接关系到汽车日后的使用。对于新车来说，磨合就是一个后期的"制造"过程。

磨合期不仅仅是物与物的磨合，人与人之间同样也需要磨合。磨合得好，彼此都会更上一层楼。在企业管理中，磨合效应最常见的隔阂有以下三种：

1. 管理者与下属的隔阂

管理者与下属之间的隔阂是企业最常见的症结。产生隔阂的原因可以归结为两点：第一，目标传递不够明确。许多管理者在给下属分配任务时总是很随性，简短的几句话就安排了一个任务。这就导致下属无法充分理解任务的目标，只能按照自己的理解和想象去做。毫无疑问，他们工作的成果并不是管理者想要的结果。如此一来，管理者和下属之间就产生了隔阂。第二，管理者对自己的角色定位理解得不到位。许多管理者总喜欢当下属的监工，有些管理者甚至通过挑下属的毛病来显示自己的聪明。久而久之，管理者和下属之间的对立、隔阂就不可避免了。

2. 部门之间的隔阂

部门之间的隔阂主要来自对其他部门工作的不了解，企业内部缺乏合理的交流平台。实践证明，适当的岗位轮换可以解决这个问题。短期的岗位轮换能使员工身体力行地感觉到其他部门的辛劳，并从真正意义上达到"换位思考"，这对于促进企业部门之间的理解有至关重要的作用。同时，岗位轮换对促进部门之间的有效合作同样重要。经历过跨部门的工作或者培训之后，部门间的合作变得更加默契、有效。

3. 部门内部的隔阂

部门内部的隔阂主要源于部门内部好的经验无法共享，新人上手的时间太长，部门整体效率不高。解决这个问题的最好办法是设计一个业绩奖酬体系。该奖酬体系会使整个部门变成一个利益的共同体，从而防止员工将个人的利益凌驾于企业利益和顾客需求之上，以此消除部门内部的隔阂。

磨合的过程是互相包容的过程。在磨合期内各个成员之间需要通过不断的摩擦才能实现目标。磨合是为了减少阻力，最终磨掉的是棱角；磨合是为了沟通顺畅，最终磨出的是接触面。这就像团队成员之间会有不同的脾气、不同的工作方式、不同的工作思路以及不同的工作习惯，那么要想让这些有着不同特点的人能够互相配合好，就必须通过反复协作练习来提升互相配合的默契程度。

磨合的过程是主动配合的过程。磨合不是撮合，也不是凑合，而是一种高效的组织行为。磨合需要一定的时间，有些事情因为人多口杂，一时间达不成共识，也没有什么大不了的，可以继续磨合。因为磨合的过程，就是把这些不平整的部分磨掉的过程。在探索中实践，在实践中磨合，在磨合中提高，这才是管理者的终极目标。

第五章　指导

第15课

波特定理：不要总是盯着下属的错误

波特定理是由英国行为学家 L.W. 波特提出的。它是说管理者要有宽广的心胸，不要总盯着下属的错误不放，要设身处地为下属着想。优秀的管理者在下属犯错误时，不会一味责怪，而是宽容地面对他们的错误，让下属在接受责罚时依然怀着感激之情，进而达到激励其上进的目的。实际上，每个人都需要鼓励，有了鼓励才能产生动力。批评的同时给予适当的肯定，把批评转化为下属工作的动力，才能成为一名出色的管理者。

宽容，换来下属的效命

波特一直致力于管理学的研究，也提出过很多的管理学理论，而波特定理便是其中的一条。经过多年的观察和研究，波特发现，从来没有不犯

错误的下属。这时候，如果管理者只知道责骂下属，会让下属失去工作的信心。反之，如果管理者用宽容的胸怀对待下属，会让下属产生一种真正的归属感。只有管理者的宽容，才会换来下属的效命。

宽容下属，就是让管理者学会换位思考，站在下属的角度去思考问题。想想下属为何会犯这样的错，是由客观原因造成的，还是由主观因素造成的。如果是客观原因，就不能批评下属，要与下属一起解决问题；如果是主观原因，下属自是应该受到批评，但管理者在批评之前要先肯定下属的成绩，让对方产生一种认同感和责任感，然后再进行批评，这样就不会伤害到下属的自尊，这就是一种先礼后兵的做法。

很多时候，我们都需要宽容。宽容会让人心安，心安才能有创新力。所以，作为一个管理者，必须要能想得开，看得远，还要从发展的角度考虑，从大局考虑。当然，宽容下属的错误也要讲原则。作为领导或者其他管理者，要宽容下属的错误，并不是原则性的宽容，也需要注意处理方式。

1. 积极沟通并适时利导

当下属犯错误时，管理者先要问清楚下属犯错误的原因，不要全部否定，不要以惩罚相威胁，不要一棒子打死，更不要将下属骂得狗血淋头，以为这样才会起到杀一儆百的作用，以此显示出管理者的威严。殊不知，管理者这样做会让下属产生对抗情绪，会把下属推向矛盾爆发的边缘，造成下属"破罐子破摔"的思想。对于有的下属来说，他们会主动向管理者承认错误，管理者就更不能揪住下属的错误不放。此外，管理者还要学会适时利导，反省自我承担的领导责任，让下属对管理者心服口服。

2. 宽容下属的过失

首先，对于下属的失礼之处，管理者要宽容。比如领导讲话时，下属没有注意自己的言行，引起了会场的混乱。此时，管理者就要用"宰相肚里能撑船，将军额头能跑马"的心态去对待自己的下属，要认真分析失礼的原因，尽可能给下属以宽容。其次，谨慎对待下属的失信。对于信誓旦旦却又出尔反尔的员工，既不要抢白，也不要强硬，要找出客观原因和主观原因，帮助下属挽回损失。最后，正确对待下属的失误。有的员工在工作中由于不熟悉业务、能力欠佳而犯了错误，管理者既不要大惊小怪，也不要视而不见，要帮助下属分析原因，而不要完全否定下属的工作能力。

一个情商高的管理者，应该懂得如何顾全下属的面子。在批评下属时，既要达到批评的预期效果，还要赢得下属的大力拥护。虽然做到这点很难，但也不是没有可能。如果你总是用一种尖锐的态度来指责、批评下属，那么，下属就会和你对立，即使认为你说的是正确的，也不会从心底里去接受，因为你的尖锐挫败了下属的积极性。也许有人认为，即使这个下属走了，也会拥有更好的下属。但事实情况是，既然那个下属会走，其他下属来了也可能会走。只要管理者的尖刻不改变，下属只会一个个地来，一批批地走。

所以，挽留下属的最好方式就是管理者要学会以宽大的胸怀容忍犯错的下属，这将有助于使下属认清自己所犯的错误，以及如何有效避免将来再犯类似的错误。因为只有宽容，才能换来下属的效命；只有宽容的态度，才能够给下属以温暖，使下属重拾信心继续前行。

扔掉心中错误的放大镜

波特定理中一再强调，盯着别人的错误是一种天性，因为能够发现别人的错误，是证明自己聪明最有效的方法。但是对于管理者来说，他们在用人的时候，就必须要克服这个天性，不要总是盯着下属的错误。

美国管理学家彼得·杜拉克曾说："无论是谁，做什么工作，都是在尝试错误中学会的，经历的错误越多，人越能进步，这是因为他能从中学到许多经验。"杜拉克甚至认为，没有犯过错误的人，绝不能让他升为主管。这就足以说明，只有扔掉心中错误的放大镜，你才可以有所作为。

比如西门子公司，就是一家鼓励下属犯错的公司。西门子公司认为，我们允许下属犯错误，是因为下属在犯错误之后能够变得更加"茁壮"，这对公司的发展来说是很有价值的。犯了错误，就能够在个人发展的道路上不再犯同样的错误。在西门子公司中，有这样一句口号："员工是自己的企业家"。正是这种氛围使西门子的下属有充分施展才华的机会，即使犯错公司也会给予最宽大的处理。

作为管理者，不仅要有度量，还要有海量：首先，要敢于启用犯过错误的下属，不仅允许其犯错误，还要赋予其信心和勇气，以此体现管理者唯才是举的思路。其次，要尊重和信任犯过错误的下属。对犯错误的下属的价值给予肯定，尤其要肯定其与众不同的优点。最后，管理者还要敢于护短，尽量保护下属的责任心，能够让下属感觉到你对他的信任。

然而，有的管理者却十分激进，只要下属犯了错误，就不分青红皂白来一顿批评。殊不知，他们逞一时口舌之快，却会给自己留下严重的后患。每个下属都会有犯错的可能，受到批评也是避免不了的。但是，管理者在批评的过程中就要扔掉心中错误的那个放大镜。因为恰到好处的批评，才能让下属记忆深刻。如果批评过度，只会适得其反。

一位出色的医生，因为偶然的失误误诊了病人，导致病人陷入生命垂危的境地。面对这种情况，如果众人一味地指责，可能会毁掉这位医生的璀璨人生，更重要的是会毁掉一位能够救治千千万万患者生命的人才。所以，在错误发生之后，受到最大影响的莫过于犯错之人。管理者对下属的批评是不可避免的。但是总盯着下属的错误，就是管理者最大的错误。

在企业的发展中，下属犯错总是难免的，如果管理者想让下属认识错误并积极地改正，就必须让下属从心底接受自己犯错的事实，让他意识到错误的根源，这样才有彻底改正的可能。一些成功的企业之所以能够表现出积极向上的活力与朝气，与这些企业对待下属的态度有着千丝万缕的关系。

通用电气的杰克·韦尔奇认为，如果管理者过于关注下属的错误，就不会有人勇于尝试、创新。而没有人勇于尝试比犯错误更可怕，它会让下属故步自封，拘泥于现有的一切，更不敢有丝毫的突破和逾越。所以，评价下属的重点不在于其职业生涯中是否保持不犯错误的完美纪录，而在于其是否勇于承担风险，并善于从错误中学习，获得教训。

金无足赤，人无完人。管理者如果在选人、用人方面过于求全责备，就会显得不通情理。一个下属乐意追随的管理者往往都有容人之量。因为优秀的管理者在下属犯错时，不会一味地责怪，只会变责怪为激励，变惩罚为鼓舞，让下属在接受惩罚时怀着一种感激之情，进而达到激励的目的。每个人都需要鼓励，有鼓励，才能产生动力，进而成为一名出色的管理者。

第16课

超限效应：凡事皆有代价，
快乐的代价是痛苦

所谓超限效应，就是指刺激过多、过强或作用时间过久，从而引起心理极度不耐烦或逆反的心理现象。超限效应意在告诉人们：第一，不要以自我为中心，要注意他人的心理状态，当他人的某种心理状态在不断累积时，就不要再去刺激别人；第二，要注意沟通的方式、方法，注意"度"的把握，不要导致双方的对立；第三，要进行换位思考，已所不欲，勿施于人。

物极必反，过犹不及

马克·吐温在教堂听牧师演讲时，一开始的时候，他认为牧师讲得非常精彩，并为之感动，他准备捐款。可是，10分钟过去了，牧师还在那儿讲，似乎没有停下来之意。他就有点儿不耐烦了，决定捐一些零钱算了。又过了10分钟，牧师的演讲还没有结束，他的不耐烦心理已经达到了极致，于是他收起了自己的零钱，决定一分钱也不捐了。当牧师终于结束冗长的演讲而开始募捐时，满腔怒火的马克·吐温不仅分文未捐，还从盘子里拿走了2元钱。这种由于刺激过多或作用时间过久而引起逆反心理的心理现象，就是超限效应。

这就是说，无论是做人还是做事，都需要掌握一定的限度。在这个限度之内，人们大多数是可以接受的，一旦超过了这个限度，就很有可能引起人们的逆反或腻烦心理。从本质上来讲，超限效应所传达的核心信息就是度。换言之，就是不管做什么事情，都要掌握一个合适的度。如果一不小心越界，就会与自己所预定的目标南辕北辙，甚至还会出现好心办坏事的现象。

比如电视中的广告宣传，其本意是为了提高产品的知名度，给观众留下美好的印象，从而促使观众产生购买的欲望。在适当的承受范围内，广告的确可以吸引观众购买自己宣传的产品或提供的服务，但是一旦宣传过度，则会令人厌烦，也会连带着厌恶其产品或服务。最后导致的结果就是，非但起不到宣传的作用，反而会得不偿失。

试想一下，如果让一个人在一段时间里不停地看同一段广告，或者是让这个人在一段时间里不停地吃同一道菜，毫无疑问，他肯定会产生腻烦心理，因为这两件事情都已远远超出了他的心理极限。虽然绝大多数人都明白"物极必反，过犹不及"的道理，但为何人们还是会犯如此低级的错误呢？

从心理学的原理中可以看出，人的神经系统在强度过大或长时间的单调刺激之下，中枢神经中的个别部位就会持续并长时间地工作。这时，神经系统就会自动调节，对过度兴奋的神经细胞进行抑制，从而降低其兴奋性，避免神经细胞的过度疲劳。由此可见，新鲜感只是一时的，不会持续太长的时间。所以，一个以自我为中心的人，在为人处世中自然缺乏换位思考，也不会注重方式、方法，如此一来，就会陷入超限效应的泥沼而无法自拔。

在现实生活中，很多人都有这样的感受："每天都在忙东忙西，但忙来忙去却不知道忙了些什么，看不到成果，也达不到目标，似乎做多少都是无用功。"为何会出现这种情况呢？这就是因为你所做的都是超限行为。从工作效率的角度来看，超限部分的工作以及所付出的汗水、努力等，都只是"吃力不讨好"。所以，千万不要小看超限效应，因为超过了一定的度，就会适得其反。

李嘉诚曾说："很多的企业主都容易犯'过犹不及'的毛病，要么是过度地扩张，出现资金周转问题；要么就是过度保守地跟人家竞争，让人家占尽了先机。任何企业，过度扩张都是不好的，所以什么时候应该停止，什么时候应该扩张，就是一个度的问题。"

这段话足以说明，无论是个人还是企业，想要发展就要充分考虑到超限效应。也就是说，无论是在工作还是生活中，都不要做一些过犹不及的事情。只有掌握合适的"火候"，才能避免物极必反带来的负面效应。所以，一切适可而止，适度而为之，才是最佳的选择。

别让超限效应毁了你

心理学家曾做过这样一个实验：他们将实验对象分为两组，让他们同时观看一个精彩的广告：第一组看到的是不同的广告信息；第二组则是不停地重复观看同一条广告。实验结束以后，心理学家做了一个问卷调查：你有意购买这条广告中的商品吗？问卷调查的结果是：第一组有 80% 的人有兴趣购买广告中的产品；第二组只有一个人有兴趣购买广告中的产品。这就表明，再精彩的广告内容，若是让消费者不停地看，也会引起超限效应。

当然，超限效应不仅仅反映在这些方面，很多从事古文物研究的人通过研究得出，我国古代青花瓷瓶的"留白"也是一种防止出现"超限效应"的做法。很多瓷器研究者都知道，我国古代瓶状的瓷器一般都是彩绘，颜色和图案都占据着整个瓶身，没有丝毫留白。而青花瓷瓶却用留白的方法，打破了纹饰的繁密，给人一种充满节奏和韵律的感觉。正因为青花瓷的留白避免了超限效应，所以使人们在观赏时留下了想象的空间，这是其他瓷器达不到的观赏效果。

正所谓"增加一分则多，减掉一分则少"，只有恰到好处的才是最好的。即是说，无论做人做事，都要掌握好一定的度。一旦超过了限度，就不会达到预期的目的。所以，恰到好处，才能避免超限效应。现实中的你，是否还在因为做了费力不讨好的事情而苦恼？工作中拖拖拉拉固然不是一件好事，但过于勤快也不是一个好兆头。只有建立在适度范围内的勤快，才是行之有效的，否则只能多做多错。那么，怎样才能避免超限效应呢？

1. 幽默的力量超乎想象

很多时候，歇斯底里的批评只会令人产生惧怕、抵制的反应。如果采用幽默的方式，就能起到鞭策对方的作用。因为没有人愿意成为"全民公敌"，也没有人愿意成为被众人孤立的人。在生活中，面对超限效应，就要学会借助幽默的力量。因为幽默能够融化人与人之间的"寒冰"，能够充当人际关系的润滑剂……不必怀疑，幽默的力量有时的确超乎我们的想象。

2. 己所不欲，勿施于人

古代先贤孔子曾经告诫人们："己所不欲，勿施于人。"也就是说，自己不愿意做的事情就不要强加给别人。然而在现实生活中，能够真正做到换位思考的人却并不多。很多领导不理解员工工作中出现的种种复杂情况，只要员工出现一点失误便破口大骂。结果可想而知，员工不仅不会积极主动地改正错误，还会专门与领导对着干，从而影响公司的整体面貌。

从管理学的角度来看，人员不稳定往往会给公司带来更大的不稳定因素，这是管理者最不愿意看到的结果。有时候，并不是所有的过错都可以通过批评的方式来解决。对于自觉自省的下属而言，即便犯了错，他们也能够立刻积极改正，完全不需要进行刺激。所以，要想吸引住更多的人才，就要避免自己的行为超限。千万别让超限效应毁了自己。

第17课

吉尔伯特法则：真正危险的事，
是没人跟你谈危险

吉尔伯特法则是由英国人力培训专家 B.吉尔伯特提出的。它是说工作危机最确凿的信号，是没有人跟你说该怎样做。也就是说，真正危险的事，是没人跟你谈危险。吉尔伯特法则告诉我们一个道理：作为下属或者员工，当有人教训和指点的时候都是福气，都意味着关心。怕就怕没有人说你什么，也没有人教你怎么做，这就意味着没人管你了。如果你游离于纪律、规章的制约之外，看似自由，其实危机四伏。

没有危机才是最大的危机

吉尔伯特法则指出，最大的危机是没有人告诉你该做什么。如果将其引申到企业管理中，即是说，最平静的时刻往往是最危险的时刻。企业要想顺利发展，就必须加强危机管理，争取化危机于无形中。

在企业管理中，作为下属或者员工，当管理者频繁地教训和指导你时，就意味着是一种关心和器重。怕就怕没有人会说你什么，也没人会告

诉你怎么做。这就意味着没人愿意再管你了，你彻底摆脱了纪律和限制，乍一看，你似乎获得了自由，但实际上早已变得危机四伏了。

"当局者迷，旁观者清"，一个人要想进步或取得成效，就要虚心请教，以争取得到别人的指点，对不同的观点要有针对性地吸收。

在世界著名的大企业中，随着全球经济竞争的日趋激烈，它们需要面对越来越大的挑战。如果一味地沉醉于自己的优势地位，就很可能被淘汰。为了避免被淘汰，各国企业的管理者都十分重视危机管理，并开始在实践中推行这种管理方式。比如江苏无锡小天鹅集团就有一个很成功的危机管理的例子。

曾被同行业称为"大哥大"的小天鹅始建于 1958 年。从 1978 年中国第一台全自动洗衣机诞生到如今品牌价值达 130 多亿元，全国市场占有率达 42.2%，销量在全国连续多年保持第一，并成为国内洗衣机行业首家跨进亿元利润的企业。然而，这个行业的"排头兵"却在大好形势下充满了危机感，开始不断地鞭策自己向前进取。

在领导班子的领导下，小天鹅集团的效益逐年提高。即便如此，他们每个人的心中都始终充满了危机意识。他们认为，在市场大潮中众多企业都曾独领风骚，有的青春常在，有的却昙花一现，究其原因在于经营者是否有强烈的危机感。所以，无论企业取得多大成绩，管理者都要保持清醒的头脑，时刻与国内、国外同行中的先进企业比较。只要世界上有一个企业排在你前面，你就是落后的，就必须要跟上对方的步伐。

现代社会，最大的危机是没有危机感，最大的陷阱就是自我满足。如果你没有了危机意识，不注意潜在的危机，严重者会带来灾难性的后果。所以，人们要学会用望远镜看世界，而不是用近视眼看世界。顺境时，要想着为自己找个退路；逆境时，要懂得为自己找出路。对庸人而言，那些巨大的变故和危机很可能就是毁灭性的打击；对那些伟大人物而言，危机却是激发他们潜能的火药。所以，千万不要惧怕危机，要勇敢地接受各种挑战。

事实上，任何一家企业无论成功与否，在其发展的道路上都可能遇到危机。清华大学公共管理学院危机管理课题组曾经对企业危机管理的现状进行了调查，结果显示：内地 45.2% 的企业处于一般危机状态，40.1% 的企业处于中度危机状态，14.4% 的企业处于高度危机状态，这就意味着有 50% 以上的企业都处于"十面埋伏"之中。

伴随着市场环境的瞬息万变，危机无处不在，无时不在。每个企业都时刻面临着生存和发展的危机，这可能是市场环境的突然恶化，可能是管理者的一个错误决策，也可能是部门之间的互相牵制……作为企业的主人，每一个员工都要保持高度的警觉，对危机做到先知先觉。只有这样，企业这艘船才能穿过暗礁密布的大海，顺利驶向成功的彼岸。

听得进批评，方能取得进步

吉尔伯特曾说："工作危机最确凿的信号，是没有人向你说你该怎么做。真正危险的事情，是没有人跟你谈危险。"纵观古今中外的历史，你会发现，很多朝代之所以被推翻，就是因为当政者身边没人告诉他即将到来的危险，更没有人敢主动批评当政者，从而使他一直处于太平盛世的假象中。一旦某一天敌军兵临城下，再想奋起抵抗为时已晚。

现实中也是如此，我们总会因为别人的教训和批评而勃然大怒，却没有意识到，教训和批评是在提醒我们能力不足，无法应对危险。能力不足并不可怕，只要有人提醒，就能想办法提高自己的能力。可怕的是，没有人愿意说出我们的缺点，更没有人教我们如何去做。与此同时，我们自己也无法察觉危险的存在，一旦危险迎头击来，连躲避的时间都没有。

2019 年 7 月，一名女飞行员在美国 USAG 航校飞行训练期间不幸遭遇飞机失事。美国联邦航空管理局和地方当局对学校展开了调查，调查结果显示：这架飞机的引擎、起落架和电子系统等部件都相继出现过故障，也正是这些故障导致了这场事故。对于这件事情，学校的管理者难辞其咎。

对此，管理者沮丧地说："我根本不知道这架飞机出现过这么多故障，从来没有人和我说起过。"正是因为没有人告诉这位管理者学校的飞机曾经存在安全隐患，所以他不知道危险的存在，才会导致发生这次空难。倘若有人提前告诉他，他便可以下令停止使用这架飞机，自然也就不会出现这次的飞行事故。

"委屈是便宜，批评是馈赠"，只要记住这句话，就能够成为一名坦然面对批评的管理者。比如华为，它在遭遇美国围追堵截的同时，也遭遇到了国内很多苹果用户的批评和谩骂，说华为手机根本比不上苹果手机。这种说法让很多人都很生气，他们纷纷挺身而出，与苹果用户发起了激烈的论战。然而，身处旋涡中的华为管理者任正非却劝大家不要生气，他说："不要怕批评，要感谢骂我们的人，不拿华为的工资和奖金，还骂我们。通过他们的批评，我们可以知道在哪里改进，所以他们是在帮助我们进步。"

像任正非一样的管理者在遭遇质疑和批评时，他不会耿耿于怀，更不会寻求报复，而是把这些批评视为难得的宝贵意见。人无完人，只有当别人提出批评时，我们才能知道自己的缺点，才会有机会去修正。如果没有人指出我们的缺点，那我们将会沿着错误的路一直走下去，那样走下去自然是很危险的。

对于批评，管理者要保持有则改、无加警的态度，这样才会越变越好。只有听得进批评，才能提高并改善自己。正所谓"忠言逆耳利于行"，希望我们每个人都可以平静虚心地接受批评，即使在成长的道路上每天进步一点点，也是一种莫大的安慰和收获。

第18课

权威暗示效应：迷信则轻信，盲目必盲从

如果一个人有很高的社会地位和威信，且处处受人敬重，那么他所说的话及所做的事就容易引起别人的重视，并让他们相信其正确性，这就是权威暗示效应。之所以存在权威暗示效应，原因有两个：一是由于人们有"安全心理"，即人们总认为权威人物就是正确的楷模，服从他们会使自己具备安全感；二是由于人们有"赞许心理"，即人们如果按照权威人物的要求去做，就会得到各方面的赞许和奖励。

没有主见，会让你成为"隐形人"

美国一位心理学家曾经做过一个实验：在给某大学心理学系的学生们讲课时，向学生介绍了一位从外校请来的德语教师，说这位德语教师是从德国来的著名化学家。试验中，这位化学家煞有介事地拿出了一个装有蒸馏水的瓶子，说这是他新发现的一种化学物质，有些气味。化学家打开瓶盖后，请学生们挨个去闻这瓶液体。15秒后，他开始统计闻到气味的人数。结果大多数学生都认为这瓶液体有味道。这就是著名的权威暗示

效应。

原本瓶中只是没有气味的蒸馏水，却由于这位"权威专家"的语言暗示，让大多数学生认为它有气味。这就揭示了一种无奈的现象：迷信则必轻信，盲目则必盲从。之所以会如此轻信别人，是因为我们对不确定的事物了解得不够深刻，总是认为权威比自己更聪明，于是就盲目地受到了权威暗示效应的影响。

既然有权威暗示效应，就有过度迷信这一效应而产生的轻信和盲从现象。一味地盲从，会让人难以有自己的思考和进步。对于个人来讲，权威指向的方向并不一定是正确的方向。如果一个人能够在任何时候都有自己的主见，无论对人对事都有自己的评判标准，不盲目跟从，就不会成为乌合之众中的一员。

在现实生活中，利用权威暗示效应的例子十分常见，比如广告商在选择广告代言人时，一般都会选择有名气且形象好的人。只有这样，才能够促进商品的销售。又比如现在的牙膏广告中，代言人也经常会以医生的形象出现，因为在许多消费者的心中，医生就代表着权威和专业，那么这种牙膏就一定可以起到保护牙齿、呵护牙龈的作用。一个人若是权威人士，那么他在人们的心目中就一定是有魅力和影响力的。

在人际交往中，如果你没有主见，就会把自己变成一个"隐形人"。如果你想让他人对某件事或某个人改变态度和行为，最有效的方式就是利用权威暗示效应。虽然不是每个人都是权威式的人物，但对于一个普通人来说，仍然可以利用权威暗示效应，让他人感觉你是权威的，然后相信你说的话，从而产生一定的影响力。

在企业中，管理者也可以利用权威暗示效应，去引导和改变下属的工作态度以及行为，这往往比你给下属下命令的效果更好。因此，一个优秀的管理者必须要成为企业的权威，或者为企业培养一个权威职工，然后利用权威暗示效应进行领导。当然，要树立权威就必须要先对权威有全面深层的理解，这样才能正确地树立权威，让权威保持得更加长久。

如果管理者具有权威性，就能使下属受到良好的影响。一般情况下，职工对管理者的模仿可能是无意识的，也可能是有意识的，更多的是无意识与有意识的综合模仿，下属对管理者的模仿造成了良好的激励氛围。可见，权威是暗示成功的重要心理条件。

在今天人性化管理大行其道的时候，管理者更要深明此理。所以，无论是管理者还是下属，在做事的时候一定要擦亮自己的双眼，学会理智思考，不要让权威成为遮盖事实真相的心理面纱，要努力让自己从"隐形人"变成优秀的"透明人"。

迷信权威是客观的自大

在社会生活中，权威暗示效应是一个司空见惯的心理效应。可以说，在人类社会，只要有权威存在，就会有权威暗示效应。只要说话的人具有影响力，那么他说的话就很容易引起别人的重视，并且被人信服，从而出现"人贵言重"的现象。相反，如果说话人的社会影响力是微不足道的，就会出现"人微言轻"的现象。

贝尔是著名的小提琴演奏家，他在小提琴演奏领域具有一定的权威性。因此，当他举办演奏会时，人们都愿意出高价买票，听他在台上演奏，这是对艺术家的一种无比崇拜。然而，当贝尔装扮成流浪汉的样子在街头演奏，那么他所具有的权威性就不复存在了，也就不再有任何影响力了。即使他长得很像贝尔，人们也不会相信他就是贝尔，认为他只是个街头卖艺的人。

此外，在许多人看来，演奏家就应该出现在富丽堂皇的音乐厅，那些街头卖艺的人都只是不入流的艺人。人们之所以会受到权威暗示效应的影响，是因为权威这个身份意味着标准，只要服从了，就给自己上了不会出错的保险。再加之绝大多数人都迷信权威，如果自己和权威叫板，就等于和绝大多数人作对，无疑会遭到周围的人指责。相反，如果你和绝大多数人保持一致，迷信权威，就会得到人们的称赞或奖励。

从心理学的角度来看，权威暗示效应反映了社会中普遍存在的一种心理现象。也就是说，尽管我们每个人都对身边的人或者对社会有一定的影响力，但影响力的大小有所不同。一般来说，权威人士容易对其他人产生更大的影响。比如有一天你感觉眼部不适，便到医院就诊。如果其他条件相同，恰好有一位眼科专家和一位刚从医学院毕业的年轻大夫供你选择，相信你一定会选择专家吧。所以，权威对我们的影响力似乎要超出常人，崇尚权威、迷信权威人士成了社会大众的一个普遍特征。

所以，我们不要迷信权威，要敢于质疑和思考。在现实生活中，"某某大师""某某专家"的言论通常被认为是具有权威性的。因此，这些人的头上就被戴上了各种奇妙的光环。在普通人的耳朵里，这些称号成了权威的代名词，可事实果真如此吗？

之前，人们认为蜜蜂发出声音靠的是翅膀振动，这一常识后来被一位名叫聂利的 12 岁小学生用实验推翻了。其实，聂利的发现过程并不复杂：首先发现翅膀不振动的蜜蜂仍然"嗡嗡"叫个不停；然后用放大镜观察了一个多月，终于找到了蜜蜂的发声器官。无数生物学家都没有发现的自然奥秘，却被年仅 12 岁的聂利发现了。

也许对于重大科学发现的过程并没有想象中那么曲折，其关键在于发现者是否具有向权威提出质疑的勇气。因此，可以说，聂利勇于怀疑的精神比"蜜蜂的发声器官"这个发现本身更为可贵。

屠格涅夫曾说："先相信你自己，然后别人才会相信你。"当我们在相信某个权威的时候，不仅要恰当地利用权威效应，还要客观地审视对方的言行，千万不要被对方权威的头衔所迷惑。换言之，一个人可以尊重权威，但绝对不可以迷信权威，唯有始终保持清醒的头脑，勇于思考，敢于质疑，才能成为一个心智健全、善于思考且有着探索精神的人。

第六章　组织

第19课

定位效应：难以跨越的先入为主

在社会心理学中，一旦对某人、某事产生了不可磨灭的第一印象，它就会引导我们在心理上产生自主定位，甚至可以诱导、启发此人之后所能够表现出来的一切行为特征，这里的第一印象被称为定位效应。定位效应的存在影响着生活中的每一个人，凡是认定的事情，多数人不愿意轻易去改变；有时候，习惯的力量并不在于害怕风险，而是一种思维定式和一种契约关系的形成。

从先入为主的泥潭中走出来

提及定位效应，你或许会感到十分陌生，不知其更深一层的含义。其实，定位效应相当于"第一印象"，与先入为主有着很大的关联。定位效应之所以显得如此重要，就是由于人们的心理定式在发挥作用。它不仅可

93

以诱导你，还可以启发你。如果我们想要克服定位效应，就要质疑自己的第一判断，做到从善如流，并认真听取中肯的意见或建议。

大多数时候，人们都是很固执的。对于自己认定的看法或事情，一般都不会轻易做出改变，这就是我们所说的定位效应。因为人们早已经习惯了某一个位置，认准了某一种事物，认定了某一种理论，所以对许多事情的看法都会受到先入为主的影响，很难轻易地去改变自己的初衷，这些都是定位效应的主要表现。

关于定位效应，社会心理学家曾做过一个实验来验证它。实验的具体过程是：在召开会议时，先让参会者自由入座。开会一段时间后，让参会者到室外休息片刻，之后再进入会议室入座。如此反复进行 5 ~ 6 次，心理学家发现大多数参会者都会选择他们第一次坐过的位子上，很少有人变换位置，最后得出的结论是：凡是自己认定的，人们都不会轻易去更换它。之后，心理学家就将此命名为定位效应。之所以会存在定位效应，也是有一些客观原因的。

1. 受到先入为主的影响

当人们接触到不熟悉的认知对象时，形成的第一印象便可以在脑海中长久保留下去。在没有其他特殊或重大刺激下，这种第一印象会抵制后来的刺激影响，使第一印象占据主要地位，不会轻易地去改变，甚至还会影响后来的认知。可以说，先入为主会让人们陷入泥潭中难以自拔。

2. 产生自我认知协调一致的心理要求

一般情况下，人们都倾向于前后印象一致，使认知达到协调，从而控制自己的态度和行为。在前面的心理实验中，参会者之所以会选择同一个座位，就是为了避免认知上的不一致现象，因而产生了定位效应。所以，一旦实验者遇到更强烈的动机因素，定位效应就会弱化甚至消失不见。

3. 定位效应离不开定位者的特质

一是定力特质。思想集中、关注某一事物的能力就是一种定力。它使得人们不受外界因素所干扰，始终把精力集中在自己注意的目标上。二是惰性心理。具有这种特质的人一般都喜欢安于现状，不愿改变目前的境况，这种懒惰成性的人很容易定位。三是自信满满。具有这种特质的人，总认为自己的选择是正确的。所以，他们会坚持自己的观点或看法，不会受到他人的影响。

不难发现，定位效应在我们的生活中也很常见。比如，那些刚刚步入社会的人，在选择自己的职业或者"跳槽"之前，都会先为自己设定一个理想的岗位。一开始时，人们往往会一味地追寻与自己理想的岗位相匹配的岗位，很少考虑其他的岗位，以至于浪费了很多的机会。又比如，很多人在投资的时候容易产生这样的错觉——这个现在涨得不错，下次也一定会很好。随后，一拍脑袋，"就它了"。在之后的投资中，也不根据市场的规律进行判断，也不听取专业人士的意见，一味地坚持自己相信的"理想"产品，盲目自信地在错误的道路上不肯回头，最后的结果可想而知。

在现实生活中，人们都会不知不觉地受到定位效应的影响。这种定位将会左右并决定我们今后的思维定式。所以，对于每个人来说，为了改变这种思维定式，一定要尝试着从先入为主这一泥潭中走出来。

习惯于自己最熟悉的

定位效应会使人们的内心产生一种协调感，也就是习惯成自然。对于人们而言，如果最初形成的印象与后来的认知不一致，人们的内心深处就会或多或少产生一些冲突和不愉快感。为了避免出现这种不愉快感，就会做出与之前认知一致的策略，那就是维持最早形成的认知形象。

一般来讲，产生定位效应的人都具有懒惰的心理。因为在他们的内心深处，从不想改变目前的状况。正是这种心理导致他们的性情不够活跃，什么都懒得去想、懒得去说、懒得去做、懒得去改变。在他们认为，能够照旧就照旧，为何要变新呢？不仅费神费力，还费时间。所以，只要是没有发生重大的、特殊的变故，他们就会按照原先认定的事情和想法一直保持下去，从不曾做出任何的改变。

比如，一个从小习惯了留短发的女孩儿，她就会把短发一直留下去。即使她的朋友们都认为她留长发可能会更好看，会更有气质，让她试着换个发型。但是，这个女孩儿也不会轻易做出改变，只会产生一种懒人的心态：短发更容易打理，而且她早已经习惯了自己留短发，这也是她不愿意改变短发的最关键的原因。同时，这种懒人心态还会让女孩儿产生一种盲目的认知和自信，她会始终认为自己最适合留短发。殊不知，这就是一种定位效应的误区，定位者实在有些太过主观了。这种类型的人不会受他人意见的左右或影响，更严重者还会有一意孤行的行为。

当然，并不是说所有人都是这样的，这与定位者的人格特质有着很大的关系。如果这个人习惯于遵从自己认定的事情，就说明他的确具有定力特质。也就是说，他不会被周围的因素所干扰，他会始终把所有的精力集中在自己最初所选择的对象上。对自己做出的决定，他们总是深信不疑。所以，产生定位效应也就不足为怪了。

法国文豪大仲马曾经看中了一件古董，但是卖主开出的价格远远超出了自己的想象。于是，大仲马先让一位朋友对古董商开了一个低之又低的价格。古董商听后大喊道："你疯了吧，这么低的价格，我绝对不可能卖给你！"随后，大仲马的第二个朋友又去了古董店，开出了一个稍微高一些但仍然很低的价格，卖主说："太低了，我不会卖，你还是走吧！"正在这时候，大仲马再次出现在了古董店，这一次他开出了比第二个朋友略高的价格，卖主居然很爽快地答应了。就这样，大仲马如愿以偿地买下了这件古董。

不难看出，大仲马的朋友们以超低的价格使卖主产生了一种定位效应，这才顺利地促成了这项交易。这就足以说明：定位效应对人们的判断和决策会造成一定的影响，只要掌握好它，就能利用人们的心理达到自己的目的。可见，定位效应普遍存在于我们的生活中。

人往往是有惯性的，都习惯于做自己熟悉的事，习惯于说熟悉的话，习惯于与熟悉的人相处。的确如此，虽然固定的习惯可以让我们避免遇到一些挫折，但是也会因此失去一些大好的机会。毕竟人生没有固定的模式，也不可能只按自己的惯性生活和做事。只有让习惯给自己的"定位"换个角度，才会有机会找到另一片属于自己的蓝天。

艾奇布恩定理：不要把摊子铺得过大

艾奇布恩定理是由英国史蒂芬·约瑟剧院导演亚伦提出的。它是指摊子一旦铺得过大，你就很难把它照顾周全。经营管理企业，小有小的好处，大有大的难处。企业在做大的过程中，难免会遇到一些管理瓶颈。企业的规模化会带来规模经济效应，但是也会带来执行力下降和竞争力下降的问题。企业所属的行业不同，组织的最佳规模也会不同。所以，企业应该寻求一个最佳点，而不是盲目地扩大规模。

场子要扯圆，摊子莫铺大

亚伦提出的艾奇布恩定理，是为了提醒人们注意场子规模。如果一味地求大、求全，并非是一件好事。同时，艾奇布恩定理也告诉人们，不要忽视那些细小的情节，只要运作恰当，小亦可成大；更不要在意获得与付出不成正比，以弱胜强，以小博大，靠的就是这种长远的坚持与眼光。亚伦衡量一个公司是否超过应有规模的标准，就看你是否能够记住每一位员工的名字。

如今，有相当多的企业只要稍微拥有了一些实力，就想尽快扩大经营，将摊子铺得很大，试图做大、做强。殊不知，如果过度地扩大企业规模，就会无形中增加管理成本。倘若管理者的管理能力并不是很强，总会忽视一些看上去十分微小的细节，在这种情况下，一旦出现太多管理上的空洞，就会让企业处于潜在的危机之中。

企业规模到底多大为宜？这是没有一个定数的，完全在于企业领导的管理能力。管理能力强，企业才能大；管理能力弱，企业自然小。如果管理者眼里看不见员工，员工眼里自然也看不见工作和责任。

贪大也是管理者的常见症状之一。它有两层含义：一是贪规模。也就是说，尽管企业刚处于起步阶段，也要尽可能地将摊子铺大。二是贪大利。在很多管理者的眼里，小利润从来都不被看上眼，认为只有捕捉到鲸鱼才是真正的出海。殊不知，以新创企业那么瘦小的身板，即使捕捉到鲸鱼，也有可能会被拖死。

除此之外，那些没有实力的企业，即使规模再大，也只是一个空壳，难以走远。所以，实力永远比规模更重要，实力代表的是企业的竞争力，是企业的支柱，实力就是硬道理。不难看出，有效的扩张可以造就一代企业枭雄，没有节制地扩张也可能是一场浩劫的开始。过快的扩张速度，会使企业面临巨大的不确定性。

追求规模要以成本为基础，要考虑企业的成本承受能力，将规模控制在合理的范围之内。那些在发展的鼎盛时期盲目扩张，从而导致失败的企业不胜枚举，比如格兰特、飞龙集团等。所以，为了避免盲目扩张给企业带来不可挽回的灾难，企业的管理者在做决策时应该考虑到以下几个问题：

1. 未来的企业何去何从，要保持一个冷静的头脑。

2. 资金储备能够支撑企业走多远。

3. 人力资源能否跟得上。

4. 市场的容量究竟有多大。

5. 竞争对手的竞争策略如何。

6. 与原材料供应商的合作如何。

7. 公司现在的盈利能力和生命力如何。

8. 股东的承受能力有多大。

9. 管理方面有没有经验。

如果以上诸多因素都对企业有利，才能进一步考虑扩大企业规模，否则盲目的扩张只会给企业带来巨大的损失。

在创业的过程中，管理者一定要牢记，不能为了做大而做大，要谨慎行事，缓图发展。你会发现，那些总是幻想着"一夜暴富""一口吃成胖子"的管理者却始终达不到目的，而那些独辟蹊径、不嫌钱少的管理者，却因此赢得了成功。

与此同时，从企业发展的角度来考虑，利润的薄厚并不是关键，其关键在于企业能否长久盈利。若是管理者们能够抱定"莫以利小而不为"的经营理念，就一定可以成为"积微成巨"的大赢家。

提防"大企业病"，规模不经济

经营管理企业，小有小的好处，大有大的难处。因为企业在做大的过程中，难免会出现管理瓶颈。艾奇布恩定理正是反映了这一问题，同时也揭示了一个道理：企业在实现规模经济时，不能片面地追求规模，更不能为了做大而做大，一定要提防"大企业病"。

规模不经济，企业并不是越大越好。规模虽然可以带来效益，但也会带来一些风险。不切实际地追求规模扩张，是一种短视的经营行为，会给企业带来灾难性的影响。所以，企业追求规模效益要把握一个度，要根据企业自身的状况来制定配套的发展策略。如果让经济学家来看待规模问题，他们会引入一个经济学上更通俗的名词：规模不经济——因生产规模扩大而导致单位产品成本提高的现象。

从字面意思来理解，每一家企业都认为规模越大越好。然而经济学却认为，规模并不是越大越好。虽然规模的扩大能够在一定程度上节约成本，优化资源配置，使企业的长期费用呈下降趋势，但规模的盲目扩张也面临着规模不经济的风险。

在我国调味品行业中，一位知名的民营企业老板是一个思维敏捷、做事干练的管理者。在短短的几年时间里，他的公司就由一个小作坊发展到了千余人的中型企业。面对这大好的形势，当地领导和专家都建议他抓住机会，扩大规模，取得规模优势。经过近一年的投资拼搏，他将自己的企业规模几乎扩大了一倍。然而，公司的经济效益却在直线下降。为此，企业老板感到困惑：不是说规模经济吗？为什么到我这里就显示不出规模效益，反而出现规模不经济呢？

事实上，这并不是他一个人的困惑，许多人都面临着同样的困惑。规模的扩大可能会提高企业的生产成本，比如必须新增大量人工成本、增加营销管理费用来支撑更大的销售规模，由于需求走高使原材料供给出现紧张导致采购价格上涨，导致信息传递费用不断增加。这些看似不起眼的费用，却在无形中让企业走向了规模不经济。虽然一个企业的生产规模可以在短时间内扩大，但管理却是一个循序渐进的过程，不可能在短时间内有较大的飞跃。

管理学家弗兰克·奈克曾说："在处理和管理复杂事物中，企业家的能力显然是有极限的。"也就是说，企业规模的扩大，必然伴随组织规模的扩大，组织规模的扩大，必然伴随企业人员的增加，人员的增加又必然伴随管理层的增加。此时，如果企业管理方式、管理手段没有跟上，仍然沿用过去的经验和方法，那么企业管理的效率就会下降，给企业带来管理成本的上升，致使企业管理的总成本增加，产生规模不经济。

现实中，有相当多的企业只要稍有一些实力，就想尽快扩大经营，将摊子铺得很大。因为他们认为，扩大规模可以在一定程度上节约成本，优化资源配置，让企业的长期费用得以下降。殊不知，他们却大大忽略了规模的盲目扩张同样也会面临着一些不可预知的风险。这一风险就是艾奇布恩定理背后的规模不经济思想。

"不积跬步，无以至千里；不积小流，无以成江海。"在这个世界上，积少成多成就一番事业的，不仅仅是企业，同样也包括个人。其关键在于你具备积少成多的韧性，不在意眼前的小，进而成就将来的大，能于细小处发现机会，用心去发展和经营，就一定会获得巨大的收获。

第七章 培养

第21课

吉格勒定理：设定目标不迷茫

气魄大方可成大，起点高才能至高。除了生命本身，没有任何才能不需要后天的锻炼。而这种锻炼就是要为自己设定一个又一个目标，并克服重重艰难险阻去实现它。经过这样的锻炼，即使不是天才，也同样能够获得成功。不管一个人有多么超群的能力，如果缺少一个认定的高远目标，也将一事无成。"设定一个高目标，就等于达到了目标的一部分。"这一简单扼要的论断就是由美国行为学家J.吉格勒提出的，被称为吉格勒定理。

目标定了，你就成功了一半

每个人心中都有一个梦想，而这些梦想就是我们目标规划的开始。随着岁月的流逝，有一部分人的梦想就会迷失于岁月的长河，不仅心中没有了目标，生活也开始随波逐流。但是，也有一部分人在实现梦想的过程中，给自己设定了一个很高的目标，并且为了这个目标持续不断地付出努力。毋庸置疑，最终获得成功的必然是后面这一部分人。这就是吉格勒定理想要告诉人们的一种管理学经验。

一群人参加爬山寻找宝藏的探险游戏，这群人被分成了三组，每一组都有一个向导。第一组人没有被告知需要找一个什么样的宝藏，也没有告诉基本路线，他们只需要跟着向导走就行了。没有明确目标地走了四五公里，不到一个小时，就有人主动放弃，情绪低落得要退出。第二组人跟着向导走，知道宝藏的样子，但是具体在哪个地方不清楚。他们走着走着就会打听还要多久，向导说就在前面了，反复几次后，每个人都身心疲惫，情绪异常地低落。第三组人同样跟着向导，但是人手一份地图，并且对宝藏的样子十分了解，同时也知道宝藏在地图的哪个位置。他们边走边在地图上做标记，然后大声地哼着歌，庆祝自己离宝藏越来越接近，大家一点都没有感觉到疲劳，反而情绪高涨，很快就找到了宝藏的所在地。

当人们有目标的时候，奋斗的行动就可以拿来和目标相互对照，看看自己距离目标还有多大的差距，时刻清楚并了解自己的状况，及时地做出调整，有目标就能够让行动得到维持和加强，同时清楚自己行动的价值所在。

做任何事情之前，都要为自己设定一个目标。没有目标的人，就好比是一只没头的苍蝇，今天东一榔头，明天西一棒子，到头来落得一事无成。如果有一天，你真的迷失在了人生这个大舞台上，唯有目标才会指引你前行。因为成功之路就是由目标铺成的，有目标，内心的力量才能找到方向，才能集中精力达到你人生的高度。

在 1984 年东京国际马拉松邀请赛和 1986 年米兰国际马拉松邀请赛上，矮个子选手山田本一出人意料地两度摘冠，引起了人们的极大关注。面对蜂拥而至的各种议论、猜测，山田本一并不做任何解释。直到 10 年后，他才在自传中揭开谜底："每次比赛之前，我都先乘车把比赛线路察看一遍，并把沿途醒目的标志画下来，一直画到赛程的终点。比赛开始后，我就以百米冲刺的速度奋力向第一个目标冲去。等到达第一个目标后，我又以同样的速度向第二个、第三个目标冲去……"

目标定了，方向对了，你就成功了一半。那些在工作上不思上进的人，生活中也必然是一塌糊涂。只有那些志向高远的人，才会成就人生的辉煌。英雄名人并非是遥不可及的，他们也是从平凡起步，一步一个脚印走过来的。"王侯将相宁有种乎"就是一个千古以来验之有效的人生真理。

有的人之所以不能成功，是因为他设定了一个过高的目标，如此空洞的目标永远不可能实现；有的人之所以一生都碌碌无为，是因为他的人生没有目标，更没有努力的方向。所以，目标并不是定得越大越好，越高越棒，而是要根据自己的实际情况，设定出一个切实可行的目标，这样的目标才最有效。想要获得成功，就要为自己制定一个"跳一跳，才能够得着"的奋斗目标。

心中有目标，就会有希望

吉格勒定理告诉人们：不管一个人有多么超群的能力，如果缺少一个认定的高远目标，他将一事无成。一个人只有先有目标，才有成功的希望，才有前进的方向，才能感受到成功的喜悦。有目标的人就像一只展翅欲飞的鸟儿，可以搏击长空。给自己树立一个目标，就像给自己赐了一对翅膀，不仅能增强自信心，也能带来一些乐趣。你会发现，激励自己前进的，是目标和希望。心中有目标，一切都有希望。

每个人来到这个世界，都有一个远大的理想，虽然不一定是拯救人类，但是一定很伟大。很多人从小就思考自己的理想是什么，奋斗的目标是什么。一个没有目标的人会活得非常迷茫，不知道前面的路在哪里。所有的顶尖人士在成功之前，都有一个远大的目标，并在远大目标的指引下努力寻求成功的道路。

美国哈佛大学曾经做过一项关于目标的跟踪调查，调查的对象是一群即将毕业的大学生。调查结果显示：90% 的人没有目标，抱着随遇而安的态度过活；6% 的人有目标，但只是一些模糊的目标；4% 的人确立了清晰明确的目标。20 年后，研究人员惊讶地发现，那些曾经有明确目标的 4% 的人，生活、工作、事业都远远超过了另外 96% 的人。更不可思议的是，4% 的人拥有的财富，超过了 96% 的人所拥有财富的总和。

可见目标的重要程度。目标是成功的第一推动力，人不能没有目标，没有目标也就没有奋斗的方向。虽然有目标未必能够成功，但是没有目标的人一定不能成功。只要心中怀有一个目标，意味着从一开始你就知道自己的目的地以及自己的所在位置。朝着自己的目标前进，至少可以肯定的是，你迈出的每一步方向都是正确的。

目标，是人们赛跑的终点线，也是一个人奋斗的方向。人就是需要有一个奋斗目标，这样活起来才有精神、有奔头。一个人在出门之前，肯定都会有自己的目的地。如果不知道自己要去哪里，只是漫无目的地闲逛，那么他的速度就会很缓慢。反之，当一个人清楚有要去的地方时，他的步履就会情不自禁地加快，这就是目标的力量。

博恩·崔西曾说："成功就是目标的达成，其他都是这句话的注解。"尼采也曾说："人需要一个目标，人宁可追求虚无，也不能无所追求。"所以，一个人只有树立了明确的目标，才会有执着和希望，才会成就出色的人生。

第22课

犬獒效应：困境是造就强者的学校

藏犬的生存环境是不容选择的，只有经得住磨炼的藏犬，才能获得成为"獒"的机会，才能成为最终的强者，人类又何尝不是如此。在无数的困境和磨难中，谁坚持到最后，并在磨难之中一直处于不败之地，谁就是最后的胜利者。心理学家将这种现象称为"犬獒效应"。犬獒效应告诉人们，在这样一个变革的社会，没有竞争就没有进步，没有进步就没有生存之地。

竞争造就强者

当年幼的藏犬刚刚长出牙齿时，主人就会把它们放到一个没有食物和水的封闭环境内，让这些幼犬自相撕咬，最后剩下一只活着的犬，这只犬被称为獒。据说，十只犬才能产生一只獒。于是，人们将这种现象称为犬獒效应，意思是竞争造就强者。这一现象虽然看上去十分残酷，但是却符合优胜劣汰的自然法则。

人生也是如此，如果你不甘于平庸，就要勇于去接受这激烈的竞争。唯有这样，才能造就最强大的自己。在日常生活中，我们经常面临机遇与挑战并存的境况，也就意味着竞争无处不在。因为竞争能够为我们带来新的机遇，获得更好的选择。

曾经有一位研究人员询问美国公司的 CEO，他们最欣赏哪类员工。结果显示，这些首席执行官最欣赏的是那些主动尝试、勇于接受挑战的员工。因为他们始终相信，真正优秀的人会在面临挑战时激发出巨大的能量，而残酷的竞争则是最佳的挑战。

生活在这和平、富足的年代，在各个领域中，只有那些最强者才称得上财富英雄。为什么极少数人却能够掌握全人类 85% 以上的财富呢？他们的共同点就是喜欢竞争，尤其喜欢与最强者过招。他们经历过的磨难是一般人无法想象的。他们认为，即使这个过程会让他们遍体鳞伤，他们依旧乐此不疲。

唐纳·肯杜尔是一位公司高管，他曾这样说："有很多人苟且偷生，毫无竞争之志，最后终于白头以终。对于这类人，我只感到悲哀。打从做生意以来，我一直很感激生意上的竞争对手。这些人有的比我强，有的比我差，但不论其行与不行，他们都让我跑得更快。脚踏实地地竞争，足以保障一个企业的生存。"在他看来，在生意上遇到强劲、精明的竞争对手，这是用钱都买不来的"好事"，竞争乃是重燃斗志、推进成功的真正力量。

唐纳·肯杜尔的这番话也代表了那些成功的人，他们从不惧怕竞争，而是热爱竞争。因为他们深知，即使在竞争中拼得遍体鳞伤，也比在安逸的环境下成长得更快。比如人们耳熟能详的蒙牛，在它创立初期，还名不见经传的时候，伊利已经是当时的乳业巨头。然而，蒙牛并没有知难而退，而是向伊利发起了挑战，展开了一场激烈的竞争。最终，蒙牛在"向伊利学习"的口号中逐渐打开了属于自己的市场。经过一番不懈的努力，蒙牛也成为家喻户晓的乳品品牌之一。正是与伊利的竞争，造就了蒙牛的牛气冲天。可见，竞争也是企业的成功之道。

一个人的竞争意识会影响工作与生活的方方面面，也会影响一个人的做事态度。你会发现，如果经常与高手过招，也会提升你的个人能力。需要强调的是，还要选择好竞争对象。如果你选择了过强的目标，会打击你的自信心。就像踢比赛，如果你遇到的是一支强队，水平比自己的球队高出很多，就很容易出现大比分失利的情况。这样的打击是致命的，你的团队有可能也会因此失去信心。

无论是个人的成长还是企业的发展，都要勇于参与竞争。究竟应该如何选择呢？首先，你挑选的竞争对手一定不能比你弱，除非你需要找回失去的信心。其次，你挑选的领域要适合自己。最后，你选择的竞争环境要合适。根据自己的能力，选择适当的环境，不宜过于激烈，也不宜过于安逸，适合自己的就是最好的。

与其被动地等着被淘汰，不如主动地去参与竞争。正如阿里巴巴 CEO 张勇所说，"如果你只是为了做好而苟活着，有什么意思呢？"你必须时刻记住，在竞争的过程中，要不断地去学习和创新。因为竞争可以造就强者，这个世界上没有任何东西是不可以被超越的，最怕的就是独孤求败。企业是这样，个人更是如此。

苦难是成功人生的试金石

众所周知，藏犬的生存环境是不容选择的。只有经历过各种磨炼与苦难的藏犬，才能获得成为"獒"的机会，才能成为强者。在现代社会中，人类又何尝不是如此。只有在无数困境和磨难中接受锻炼，谁坚持到最后，谁不懈地努力，并在磨难之中一直处于不败之地，那么，最后的胜利就属于谁，这就是一种"犬獒效应"。

每个人的成长路上都会遇到许多挫折，在遭遇这些人生最初的苦难时，也许有的人会抱怨，会愤愤不平地责怪命运对自己不公。殊不知，苦难和磨炼是获得成功的基础。只有经历过苦难，你的人生才会丰富多彩。

每个人都是从苦难中成长起来的，可以说，苦难是一笔伟大的财富，也是成功人生的试金石。尽管人们常常把"万事如意""一帆风顺"作为对人生的祝福，但是，从我们来到世上的那一刻起，我们做的第一件事就是啼哭。这是人生的第一个宣言，只有战胜苦难，才能获得新生。

在这样一个变革的社会，没有竞争和苦难，就换不来进步。一个人的成就，都是从血汗、辛苦、委屈、忍耐、受苦中累积而成的。人生的大成就，往往是以大苦难作为前奏的。这是因为任何称得上成就的事情都非易事，成就越大，苦难就越大。如果没有苦难作为成功路上的门槛，成功将因过于轻松而变得没有一丝成就感。虽然大多数时候，我们都不能选择自己的命运，但是我们可以选择把自己的事情做好。

著名成功学大师卡耐基说："苦难是人生最好的教育。"古今中外的大量事实说明，伟大的人格无法在平庸中养成，只有经历锻炼和磨难，人生才会走向成功。如果一个人能吃常人不能吃的苦，必然能做常人不能做的事。从这个意义上来说，能吃多大苦，就一定能享多大福。那些有成就的人都曾得益于苦难的磨炼，比如王宝钏经过十八年苦守寒窑，才能为人记忆；苏秦悬梁刺股苦学有成，才能纵横六国；勾践尝过了夫差粪便之苦，方有后来的奋发图强……凡此种种，不胜枚举。可见，苦难是人生路上的一个坎：迈得过去，你就会成为强者；不敢迈或迈不过去，你就会成为懦夫。

　　对于如何面对人生的磨难，马云曾这样说："创业这么多年，我遇到了太多的倒霉事，但只要有一点好事，我就会让自己非常开心，左手温暖右手。"当苦难如冰雹从天而降时，我们可能会自言自语："为什么受伤的总是我呢？我已经足够努力了，为什么命运总是要和我作对？"然而，谁没有沮丧过呢？如果你一味地让自己在沮丧中怨恨，就永远无法让自己成熟起来。面对残酷的现实，只有弱者会诅咒，而强者选择的是战斗。

　　面临竞争的企业就如同是一只藏犬，只有勇者才能拼到最后，一场激烈的"厮杀"决定了谁才是最后的"獒"。但是，企业又与藏犬有所不同，因为败下来的藏犬会被抛弃，而企业在失败之后还可以重新站起来。虽然失败是常有的事，但更重要的是在失败后继续坚定必胜的信念。世界上没有永远的强者，更没有永远的失败者，最重要的是要有坚持到最后、永不放弃的信念。

　　人生在世，每个人都有自己的不易，每个人都会抒发各自不同的情绪。正是这种从天而降的厄运和永不屈服的抗争精神成就了每一个努力的人。失败、伤病、贫困……这些磨难看起来就像是生命中一座座陡峭的险峰，但是却没有任何一座是不可逾越的。生命中遇到的任何一个苦难，都不过是一个过程，是一次磨砺自己的机会。人生也就几十个春秋，此时不搏何时再搏？

第八章 选拔

第23课

近因效应：熟识之后也要好好表现

近因效应是由美国社会心理学家卢钦斯提出的。如果在前后两种信息之间插入其他活动，情况就会发生转变，后来输入的信息产生的影响和作用会更大，即人们对最近输入的信息印象更加深刻，这一现象被称为近因效应。它给人们的启示是：与熟人交往，消极的情绪发泄或行为会让对方产生误解，影响彼此友谊；与陌生人交往，快结束时的举止表现会决定整体的印象。

"出场"顺序，能影响事情的成败

心理学家卢钦斯曾用事先编撰好的两段文字作为实验材料，研究了近因效应现象。第一段文字中，将吉姆描写成热情外向的人；第二段文字中，将吉姆描写成冷淡内向的人。在实验过程中，卢钦斯把参加实验的人分为两组：首先向第一组人员介绍第一段文字，向第二组人员介绍第二段文字。紧接着给大家安排做数学题、看故事书等其他不相干的事情。然后再分别给第一组人员念第二段文字，给第二组人员念第一段文字。最后再询问两组参加实验的人："吉姆是一个什么样的人？"

结果显示，第一组人员认为吉姆是一个内向的人；第二组人员则认为吉姆是一个外向的人。可见，大多数人都是根据最后听到的信息作出相应判断。简单来说，就是时间距离越近，我们的脑海中印象越深刻；时间距离越远，我们就很难一时想起来，甚至忘到九霄云外去了。

在现实生活中，很多方面都体现了近因效应。比如，对于多年未曾见面的朋友，人们的脑海中印象最为深刻的还是当初两人分别时的情景。再比如，一个经常惹你生气的朋友，当别人问及你具体的事情时，你只会想起最后一次见面时他做过的让你生气的事情。

对此，心理学家认为，近因效应的形成需要有足以引人关注的新信息进入大脑，或者是从前的印象已经被逐渐淡忘的时候，新近出现的信息所产生的效果就会比较明显。此时，近因效应就出现了。

曾有新闻报道说，航空公司在服务态度上存在一些问题。不少乘客投诉航空客服的服务态度很差。实际上，在飞机飞行的过程中，空乘的服务并不是很糟糕的，他们一路上都面带微笑，服务周到，对乘客基本上是有求必应。但是，下了飞机之后，很多乘客因为长时间等待行李而产生不满心理，由此便对空乘的服务全盘否定了。这也是近因效应的表现之一。

此外，近因效应还会对人们造成不小的负面影响。一个人在公司里一直表现得很好，深受领导的器重。但是，最近一段时间他做错了事，说了不该说的话，给领导留下了深刻的负面印象，于是之前建立起来的好形象都毁于一旦。因为在彼此熟悉的人之间，近因效应的作用更加明显。

近因效应之所以会产生负面影响，就是因为我们在与人交往的过程中，会根据对方的表现，对其形成固定的印象。如果对方不按照常理出牌，我们的内心就会产生失望和不满情绪；如果对方一直以温文尔雅的形象出现在你眼前，有一天因为某件事情，他突然性情大变，你就会认为他以前的形象都是伪装的。实际上，这只是我们以点带面、以偏概全的想法。从本质上来看，他还是那个温文尔雅的人，只不过遇到突发事件偶尔发生了情绪失控。

综上所述，我们与人打交道，除了注重第一印象，平常也不能忘记维护自身形象，尤其是在熟人面前，要保持自己一贯的形象，不要因为偶尔的疏忽破坏自己在他们心中的印象。

据有关心理学家研究，在比赛现场，一定程度上，"出场"顺序能影响参赛者最后的成绩。也就是说，后面出场的选手获胜的几率更大。同理，在生活和工作中，"出场"顺序也会影响事情的成与败。所以，我们要学会客观全面地看待一个人，要知道"瑕不掩瑜，瑜不掩瑕"，毕竟每个人都是优缺点的集合。

抓住记忆点，留下印象点

近因效应在人际交往中是广泛存在的，不管是友情还是爱情，遭遇近因效应的消极作用时，都难免会影响彼此间的关系，甚至可能会导致感情破裂。这就提醒人们，在人际交往的过程中，要注重近期的表现，保持好自己长久以来的完美形象，尤其是在与老朋友交往时，更应该认真对待，不要忽视对方的感受。因为你的忽视，会让对方觉得你不在乎他，进而放弃与你继续交往。

也有人认为，真正的友情是不会因为一两次的出格而结束的。事实上，心理学家发现，越是亲近的关系，近因效应的作用越明显。因为对方在某种程度上已经成为你情感上的依赖，或许在你的潜意识中，你们的关系是非常牢固的，也是非同一般的。比如你有不开心的事，第一个就会想到与其分享；你的心理出现某种波动，你也会想到向其寻求精神慰藉。这时候，如果他忽视了你的话，你就会想：他一定是不重视我们之间的情谊。于是，这段关系可能也就只能维持到这里了。

在与人交往时，即便已经很熟识了，也要好好表现，不要轻易忽略对方，因为再稳固的关系也需要经营和维持，就好比一朵十分娇艳的鲜花，如果你不浇水、不施肥，终会有枯萎的一天。同时，也不能只看一时之事，被对方少数的、个别不好的行为所误导。要正确地看待每一段感情，全面地考虑你们之间的关系，排除人际关系中因近因效应而出现的认知偏差。尽管近因效应实质上是一种心理误区，但我们不能保证每个人都能顺利地走出误区。

近因效应也提醒我们，在与对方发生矛盾之后，要及时地修补极为重要。比如你知道自己的确有些方面做得不妥，就应及时地向对方表示歉意，消除不必要的误会，与对方冰释前嫌。千万不要认为来日方长，等着对方主动来找你，因为这样的几率很小。第一印象固然重要，但不是每个人留在对方大脑中的都是完美印象。如果你留给对方的第一印象不甚美好，不妨试着利用近因效应去改变对方对你的偏见。

要想避免近因效应带给我们的偏见，避免其破坏我们以往建立起来的良好形象，就必须努力培养睿智的思维，以及经过全面考察后再下结论的习惯。具体应做到以下几点：

1. 谴责之后不要忘了安慰

如果你是一个企业管理者，在批评完自己的员工后，要加一句"其实，你之前做得还是很不错的"。正是这样一句话，会让被批评的员工产生一种被勉励的感觉，使其知道虽然他被批评了，但其实领导还是看好他的。

2. 多注意之前的固有印象

"做十件好事抵不上做一件坏事"，你做了十件好事，可能没有人记住，因为人们都已习惯了你做好事。可是，如果你做了一件坏事，大家就会记忆深刻，认为你变成了一个坏人。我们不能因为别人犯了一点小错就去否定他，而要综合各方面的情况对其做考察和评判。

3. 不要被一次好或坏的行为迷惑

现实中，不能因为对方做了一件好事就认为对方是好人，因为再坏的人也会做好事；也不能因为对方做了一件坏事或错事就认为他是个坏人，因为再好的人也会有失误的时候。此外，如果一个人最近对你很好，那也不能就此判定他是个好人，说不定他对你另有所图。

在与人交往的过程中，我们可以不凭借"近因"对别人做出评判，却不能阻止别人通过"近因"来评判我们。所以，我们要学会谨言慎行，抓住曾经的记忆点，尽量避免说错话、做错事，在言行方面要与之前保持一致，给彼此留下好的印象点。

第24课
酒井法则：让员工永久安家落户

酒井法则是由日本企业管理顾问酒井正敬提出的。它是说在招工时用尽浑身解数，使出各种方法，不如使自身成为一个好公司，这样人才才会会集而来。其实，酒井法则是一种管理思想，它可以帮助管理者更好地掌握管理的技巧，以提高管理的效率。同时，它也有助于管理者更好地把握与下属之间的关系，创造一个和谐的工作环境，激发他们的积极性，使他们在工作中最大限度发挥效率。

你若盛开，清风自来

日本的经营顾问酒井正敬认为，为了人才自然聚集，最好在录用时使用所有的方法，使自己成为一家好公司，这就是一种酒井法则。酒井法则告诉人，如果不能吸引人才，就无法维持现有的人才。

人才是企业的核心，拥有优秀人才的公司可以使公司非凡。所以，对于企业来说，他们一直都在想方设法招聘各种人才，但是收效甚微；对于人才来说，他们也在非常努力地想进入某个企业，但是公司的岗位很稀缺。那么，作为企业的管理者，怎样才能防止人才流失和人才储备不足呢？

不难发现，很多企业在人才缺乏和人才流失时，总是将所有的压力和责任推给人力资源部门，而不是将目光转移到企业本身。就是因为他们并不考虑企业本身存在的问题，才导致了人才的缺乏和流失。因为真正吸引人才和让人才留住的并不是招聘的技巧，而是企业本身。同样地，如果不能吸引人才，那么已有的人才也终将留不住。

面对日益激烈的市场竞争，企业对人才的培养和储备需求达到了一个前所未有的程度。"产品为王"的时代已经终结，这就意味着企业竞争的焦点逐渐转向创造良好的客户体验，"服务"逐渐会成为企业在市场竞争中获得胜利的关键。于是，如何在激烈的市场竞争中崭露头角，成为每一个企业管理者需要重点思考的问题。

"你若盛开，清风自来"，这原是指女孩子不必急于寻找人生伴侣，而应该努力让自己变得优秀。当我们变得优秀了，自然可以吸引优秀的伴侣。同样地，如果企业本身是优秀的，它自然也具有吸引优秀人才的魅力；如果企业本身是被人不齿的，即使人力资源部门再怎么努力，也很难招募来优秀的人才。

正如"良禽择木而栖，良臣择主而事"，通常来说，优秀的人才一定是向优秀的企业会聚，只有拙劣的人员才会走向拙劣的企业。也就是说，即使企业通过各种方法和手段招募到优秀的人才，如果企业本身不够优秀，优秀人才也会抛弃这些企业，去往更优秀的企业。可见，如果企业本身对人才没有吸引力，那企业招募到的人才也会很快流失。作为企业的管理者，要想留住员工就应该做到以下几点：

1. 设立高期望值

如果企业能够不断地提出高标准的目标，员工自然不会选择离开。因为企业设立高期望值，能够为那些富有挑战精神的精英提供更多的机会。而留住人才的关键就是不断提高要求，为他们创造新的成功机会。毕竟每个员工都希望留下，都希望能够获胜。一般来说，采取这种做法的大多是那些积极向上的企业。

2. 授权，授权，再授权

对于员工来说，他们最喜欢给员工授权的企业。比如惠普公司负责台式电脑的美国市场经理博格说："对我们来说，授权意味着不必由管理人员来决定每一项决策，而是可以让基层员工做出正确决定，管理人员在其中只担当支持和指导的角色。"

3. 教育员工

在信息市场，学习并不是耗费光阴，而是一种现实需求。大部分员工都应该意识到，要在这个经济社会中生存和发展，就非锐化其技能不可。此外，如果员工想获得更高的学历，而这些学历又与业务相关，也能取得好成绩，公司会全额资助。

所以，当企业的人才流失严重时，一定是企业本身出现了问题。管理者应该尽快优化企业层面，而不是通过不断引进新员工，掩盖问题的本质。此外，管理者还要把握好与员工之间的关系，不能将自己的想法和意见强加于他人，而要尊重他人，充分发挥他们的主观能动性，激发他们的积极性。

查理·芒格曾说："如果你想拥有一件东西，最好的办法就是让你自己配得上它。"这句话是在告诉管理者，如果企业想要拥有优秀的人才，唯一的办法就是让自己成为优秀的企业，如此才配得上拥有优秀的人才。

同样地，如果我们想进入一家优秀的企业，唯一的办法就是让我们自己成为优秀的人。

要想留人，先要留心

在酒井法则中，酒井正敬一再强调：留人重在留心，要想留住人，先要留住心。

然而，在很多企业中，管理者都试图通过硬性措施来留住一些人才，其结果是留住了人，却没能留住心。到头来，依旧是"竹篮打水一场空"。其实，真正能留住人才的，是在工作中给予他们足够的发展空间和制度上的来去自由。如果企业管理者总想强制留人，结果只有一个：留得住员工的人，却留不住员工的心。

现实中有一些企业，它们总是遇到这样的事：企业内的一些技术骨干或重要员工，如设计师、业务员等人提出"跳槽"，准备去更好的单位。由于这些员工都是企业的精英，一旦流失，企业损失就会很大。于是，企业的管理者就抱着坚决不放、坚决不允许辞职的态度，采取员工走了也不给开离职证明等手段。到最后，他们就会闹到水火不相容的地步。那么，如何来处理这种事呢？

首先，要明白人才合理流动的红利。人才流动是人事制度改革中的新事物，对传统的干部"部门所有制""员工服务厂家终身制"是一个冲击、一场革命。人才合理流动有利于将生产资料和劳动力结为最佳组合，充分发挥人的潜力。随着改革的深化，人才流动将会有更大的自由度。

其次，要把人才合理流动当作好事。传统的国家统一分配的方法已满足不了企业的需要，企业可以到人才市场去挑选各种各样的人才。然而，人才流动对企业产生较大的压力，要留住人才，企业就要有凝聚力，就要重视人才，为人才成长创造一个好环境。

最后，要搞清员工离职的原因，明确是因为和领导、同事关系不融洽，还是因为企业效益差，然后再做说服下属的工作。如果企业在用人关心人等方面确有失误，可以坦率地承认错误并立即改正，正好表示对员工的爱惜。

所以，管理者一定要学会对症下药，在员工离职时，千万不要说"只要我在一天，你就别想调走"之类伤感情的话，这样只会激化矛盾，甚至让矛盾升级。试想一下，如果管理者对员工做了很多的思想工作，员工仍然坚持要走，就要开绿灯放行，毕竟强扭的瓜不甜。

很多人都说，新时代的竞争是人才的竞争，呼吁大家要培养人才，重视人才，留住人才。事实上，说来容易做到难。很多企业的管理者虽然重视人才，但却只会用霸王条款或规则约束手段留住员工。比如，员工得签三年的服务协议，中途离职的员工必须得赔违约金，以合同条款留人；还有些公司实行年终奖部分压款，次年再分次逐月发放，以压钱的方式留人……这些奇葩的留人方式，只会让员工更寒心。

留人留不住心，人才的潜能就发挥不出来。强制留人，实际上是一种愚蠢的双输行为，不但对员工不利，对企业也十分不利。所以，管理者要抱着好聚好散的态度，这才是一种有战略眼光的做法。

如果企业能让离职者感恩戴德地离开，留下的员工看到企业如此爱才，处理问题如此实事求是，整个企业内部充满了温馨和人情味，而不是人走茶凉，就在无形中为企业树立了良好的形象。所以，企业要想留住人，得先留住心。而想留住人心，就得先懂人心，再待之以诚心，就一定会产生显著的效果。

第九章 任用

第25课

奥格尔维法则：敢于起用比你更强的人

> 奥格尔维法则是由美国马瑟公司总裁奥格尔维提出的。它是说如果我们雇佣比我们自己更强的人，我们就能成为巨人公司。如果你所雇佣的人都比你差，那么他们就只能做出比你更差的事情。奥格尔维法则强调的是人才的重要性。一个好的公司固然是因为它有好的产品，有好的硬件设施，有雄厚的财力作为支撑，但最重要的还是要有优秀的人才。

用"强者"，绝不嫉贤妒能

奥格尔维法则说的是一种人才现象，反映出一个重要的用人原则——唯能力选才。这一法则来源于这样一个故事：在一次奥格尔维·马瑟公司的董事会上，在每个董事的面前，都整齐地摆放着一个相同的玩具娃娃。

董事们面面相觑，不懂何意。这时，奥格尔维总裁神秘地说："大家都打开看看吧，那就是你们自己。"于是，董事们怀着强烈的好奇心，打开了面前的这个玩具娃娃，在大娃娃里面还有个中娃娃，中娃娃里面还有个小娃娃。他们一层一层地打开娃娃，直到打开最后一个娃娃时，看见里面有一张奥格尔维写的小字条："如果你永远起用比你弱小的人，我们的公司将沦为矮人公司。如果你经常雇佣比你强大的人，我们的公司将成为巨人公司。"

前一句话与大娃娃到中娃娃，再到小娃娃的次序吻合，后一句话与小娃娃到中娃娃再到大娃娃的次序吻合。很快，聪明的董事们就明白了其中的含义。所以，经过这件事之后，每个董事都开始尽力任用那些比自己强的人。

奥格尔维法则蕴含的道理看似简单，实则没那么简单。在一个企业团队中，管理者总是希望自己的员工听话懂事，因为只有听话的员工，才能凸显出自己的权威，才能按照自己的思路进行管理。然而，管理者之所以会有这样的想法，是因为他们难以放下一颗嫉贤妒能之心。嫉贤妒能的深层次原因在于管理者对于权力潜在的一种危机感。对于一个平庸的管理者而言，这会让他更加故步自封，在庸庸碌碌中无所作为。

人外有人，山外有山。作为管理者不仅要有宽广的胸襟，还要敢于且善于聘用比自己强的人，重用比自己更优秀的人才，这样才能让团队变得越来越有活力，越来越有竞争力。反之，那些生怕员工比自己强的管理者，就永远不可能成为有效的管理者。从心理学的角度来看，使用水平低于自己的员工可以理解。但是从现实情况来看，那些听话的员工往往没有主见或能力低下。所以，作为企业的管理者，就要善于用"强者"，绝不能嫉贤妒能。

　　试想一下，如果每个管理者都雇佣水平比自己低下的员工，那么，整个团队就会循规蹈矩，按部就班，缺少激情，像一潭死水。由这样的团队执行的团队目标也始终难有突破。相反，如果每个管理者都能雇佣比自己更强的人，这个团队就会更具活力，更具创新意识，更具突围能力，这样的企业也更能成为巨人企业。用强则强，用弱则弱，这充分体现了奥格尔维法则。

　　中国有句古训："结交需胜己，似我不如无。"它与"奥格尔维法则"颇有几分相似之处。即便如此，还是有很多管理者对运用比自己更优秀的人来为自己的企业效劳，或者是心存顾虑，或者是心存嫉妒。面对真正优秀、比自己强的人才，很多管理者心里都打退堂鼓。可以说，是潜在的嫉妒心理在作怪。他们会在内心深处想：如果提拔这个人，他以后会不会还对自己忠心耿耿；如果我提拔了他，他会不会取代自己等。

　　只有那些心胸宽广的管理者，才能意识到这种心理背后隐藏的恶果。一方面敦促自己变得更优秀，另一方面要善于任用那些优秀之才，为了团队的成长共同努力。上海复兴集团董事长郭广昌上大学时学的是哲学专业，经常被人戏称为"什么都没学"。正因为"身无长技"，反而成了他最大的"特长"，工作中遇到任何问题都愿意去请教别人，什么事都乐于找比自己强的专家，才成就了他的事业。

　　作为一名管理者，必须要先克服人性深处嫉贤妒能的本能，才能真正做到乐于寻找那些比自己强的人，只有这样，他才能成为一名真正优秀的管理者。

结交强者才能让你更有收获

　　奥格尔维法则告诉人们，人才对于企业的发展至关重要。一个成功的企业自然离不开好的产品、优良的硬件设施、雄厚的财力来做支撑，但最重要的是拥有优秀的人才。没有优秀的人才，即使硬件条件再好，也很难取得好的发展。

有一位公司老板曾经这样说："我的成功得益于那些聪明的人。我总是把那些聪明人挑选出来。我聘用他们，当我有所成就时，就和他们分享荣誉。"作为企业的管理者，若想使企业充满活力，必须选择优秀的人才，聘用一流的人才。一个敢用比自己强的人才的管理者，说明他也是一个能力很强的人。

任何一个管理者的成功，都离不开自己身边坚强的"左膀右臂"。只有他们强大了，自己才会更强大。换个角度来说，管理者如果起用比自己强的人才，那么通过别人的强大来激励和鞭策自己，对自己而言也是一种进步。作为管理者一定要有豁达的胸怀，还要明白"起用强者，一定会更强"的道理。

1999 年，比尔·盖茨的个人资产已经突破了 1000 亿美元，他是利用高科技和高智商赚到巨额财富的典范。在 20 年内创造的个人财产达到 850 亿美元，并且成为有史以来最年轻的世界首富。他的成功离不开知人善任，唯才是举。所以，奥格尔维法则不仅是管理者用人方面的原则，也是对管理者心胸宽广度的测试。在使用这个法则时，管理者需要做到以下几个方面：

1. 扭转用人思想

很多管理者都以为，对自己唯命是从、说一不二的员工都是最可信的，重用这样的人，可以稳固自己的权力。但是，这样的结果就是公司竞争力太弱，很难应付外界激烈的竞争。其实，只要管理者换个用人思路，大胆地把能力超出自己的人引进企业来供职，因才定岗，委以重任，让他们尽情地在企业的各个岗位上去发挥，就会获得一些突破。

2. 正视自己的能力

即使是一个才智出众的人，也不可能胜任所有的事情。只有知人善任，敢于运用比自己出众的员工，才有可能完成超过自己能力的事业。然而，现实中总有一些人在不断地犯错误，那就是高估自己的能力，不肯接受他人的意见或者忠告。作为管理者，更应该正视自己的能力。当发现自己员工的能力在某些方面超过了自己，这就表明管理者离成功又近了一步。

3. 用真情打动人才

通常情况下，那些有特殊才干的人都是很难被网罗过来的，于是，很多管理者错误地以为具有竞争力的薪酬待遇才是吸引人才的关键。殊不知，这仅仅只是一部分，人都有实现自我价值的愿望，但是这个价值并不是用物质来体现的。管理者遇到特殊的人才，要以一颗真诚的心去对待他，才能够引起思想上的共鸣，让他心甘情愿地来为公司效力。

4. 学会预测未来

作为管理者，要有长远的目光。在今天，就要预测到明天需要什么样的人才。J·P·摩根曾经说过："寻找强过自己的人并善加运用，是成功的关键。"如果管理者预测不了明天需要什么人才，在人才真正出现的时候就会因为自己目光短浅而错失人才。等到明天需要用的时候再去找，就为时已晚了。所以，有长远的目光，为明天储备人才也是管理者必修的功课之一。

一个强大的公司固然源于好的产品，好的硬件设施，雄厚的财力支撑，但真正起决定作用的还是优秀的人才。光有财、物，并不一定能让企业发展壮大，只有注重引进高素质人才，只有重用比自己更优秀的人才，结交更多的强者，才能让一个团队变得更有活力和竞争力。

第26课

韦尔奇原则：用人得当，事半功倍

> 韦尔奇原则是由通用电气前总裁杰克·韦尔奇提出的。他曾说："我们所能做的是把赌注押在我们所选择的人身上。因此，我的全部工作就是任用适当的人。"这一原则说明，管理者的任务就是用合适的人做合适的事，并鼓励他们用自己的创意完成手上的工作。韦尔奇法则告诉人们：用人不当，事倍功半；用人得当，事半功倍。领导应以每个员工的专长为思考点，并依照员工的优缺点，做机动性调整，让每一个人发挥最大的效能。

大材不小用，小材不大用

与很多 CEO 所不同的是，杰克·韦尔奇把 50% 以上的工作时间都花在了选人和用人方面。韦尔奇认为，他最大的成就是培养和任用人才，他本着大材不小用、小材不大用的原则在做着手中所有的事情。

对于企业管理者而言，如果不了解一个人，就不能用好一个人。这句话对任何一个企业领导而言都是真理。只有如此，才能力戒盲目用人。因此，现代企业中流行着"识人才能用人"这样一个口号。人才犹如冰山，浮于水面者仅 30%，沉于水底者达 70%。那么，怎样才能做到识人？

识人的先决条件在于管理者能够做到公正无私，一视同仁。作为一名管理者，必须具备如此胸襟，方能发掘真正的人才。首先，要知道员工的个性，必须客观了解员工的身世、品德、性格、修养、智能等情况，再加以深切的体察。其次，要了解员工及其所处环境，做出合乎情理的评价，千万不要先入为主。

大材不小用，小材不大用。用人之道，最重要的是要善于发现、发掘并发挥员工的一技之长。如果用人不当，就会事倍功半；如果用人得当，就会事半功倍。在这方面，古人为我们做出了很好的榜样。比如曹操，因为他知人善任，在诸雄争霸中成为最后的胜利者。

对于一个团队来说，它们更需要各式各样的人才。每个人不可能每一方面都出色，但也不可能每一方面都差劲，再差的人都有自己的一技之长。一个管理者的成功，不在于他自己能够做多少事情，而在于他能很清楚地了解每个员工的优缺点，在适当的时候派"逊色"的员工去做他们适合的事情，这样才能取得出人意料的效果，也就不会出现大材小用的现象。

古人曾曰："君子所审者三，一曰德不当其位，二曰功不当其禄，三曰能不当其官。此三者乃治乱之源也。"可见，能当其位是任用人才的重要原则，也是判断管理者任人是否正确的首要标准。在任用人才时，管理者对人才一定要量体裁衣，不当其位、大材小用或者小材大用都是任用人才失败的表现。

由此看来，不当其位，自然就无法发挥人才的长处，空有满腹经纶却无处施展；大材小用造成人才的极大浪费，必挫伤人才的积极性，使其远走高飞另谋高就；小材大用只会把局面越弄越糟，成为团队发展路上的绊脚石。大材不小用，小材不大用，才是管理者明智的选择。

知人善任，是管理者的职责

韦尔奇认为，挑选最好的人才是管理者最重要的职责。他曾说："领导者的工作，就是每天把全世界最优秀的人才揽过来。他们必须热爱自己的员工，拥抱自己的员工，激励自己的员工。"

此外，韦尔奇还给人们传授了一个用人秘诀，就是他自创的"活力曲线"：在一个企业或组织中，必有 20% 的人是最好的，70% 的人是中间状态的，10% 的人是最差的。从数据来看，这是一个动态曲线。如果你想成为一个合格的管理者，就必须随时掌握那 20% 和 10% 里面的人的姓名和职位，以便做出准确的奖惩措施。以上所有的内容都包含在韦尔奇原则之下，对人们有着巨大的参考价值。

对于企业来说，最大的财产是人才。善于任用人才，是管理者的重要职责。企业中的任何一项决策，都需要具体的人去操作和完成，这就关系到选用人才的问题。在很大程度上，管理者工作的成与败，主要取决于是否知人善用。所以，善用人才是一门学问，也是一门艺术。那么，如何才能成为一个合格的管理者？知人善任是管理者的重要职责。

1. 借鉴知人善任的历史借鉴

古往今来，知人善任的历史案例不胜枚举。秦穆公用五百张羊皮换来的百里奚就是人才之一。秦朝的崛起之路就是这些谋士的绝妙智慧和赤胆忠心铺就的。可以说，人才是成就事业的决定因素，管理者用人的能力则体现出了他的管理能力，也决定了他们的管理绩效。

2. 从人性特点认识知人善任

知人，就是要充分了解人才的特长，而扬长避短、才尽其用就是善任。因此，对于人才的鉴定也至关重要。知人善任的管理者容易获得信赖，进而萌生"士为知己者死"的情怀。在《三国演义》中，赵云在长坂坡下西奔而去，当刘备说出"子龙是我故交，安肯反乎"时，"知"与"被知"的道德力量感动着当时的每一个人，也考验着双方的信任底线。

3. 知人善任决定管理成败

合理地使用人才，可以使人才的个体效应得到充分发挥。由于管理的核心是对于人的管理，所以知人善任决定着管理的成败。管理者在用人时，要打破"干而优则仕"的传统观念，将适合做管理的人放在管理岗位，将善于沟通协调的人放在沟通比较多的岗位。而对于严谨、细致的人，可以为其提供研究性工作平台。

所以，管理者要想真正地把公司做好，一方面，要分清每个部门和职务的职责所在，不要老板干着员工的活，员工干着主管的活，主管干着老板的活。遇到这种情况时，就要试着把"老板的手脚砍掉，中层的屁股砍掉，员工的大脑砍掉"。

另一方面，管理者在与员工相处的过程中，首先，要了解他们的优点和缺点，善于运用他们的长处，以创造他们最大的价值；其次，在确定目标、安排工作计划时，要合理地分配任务，做到每人头上都有指标；再次，在完成任务的过程中，要做到过程的跟踪检查，及时发现问题并指出问题，这样对人才培养有较好的作用；最后，要及时跟进结果，总结过程中的问题，让员工积极地分享经验，让每一个员工都参与其中。

我国经济领域曾流行过这样一个口号："时间就是金钱，效率就是生命，信息就是资源，人才就是资本。"现代企业的竞争，无论是技术竞争、市场竞争、信息竞争，还是资源竞争，说到底都是人才的竞争。然而，想要在激烈的市场竞争中求生存、图发展，就要做到知人善用。是否知人善用，关系到一个企业、一个部门的生存发展。

第十章　激励

第27课

马蝇效应：激励自己，跑得更快

　　马蝇效应是由美国总统亚伯拉罕·林肯提出的。它是说再懒惰的马，只要身上有马蝇叮咬，它也会精神抖擞，飞快奔跑。马蝇效应中的"马蝇"二字指的是企业管理中的激励因素，若企业管理者能找到合适的激励因素，就能让能力突出的员工卖力地工作。马蝇效应带给人们的启示是：一个人只要有竞争对手的"叮咬"就不会松懈，就会促使自己不断提高，发展壮大。

再懒惰的马，一旦被叮咬也会飞速奔跑

　　从本质上来看，马蝇效应就是一种痛感激励。之所以会产生马蝇效应，其关键在于马蝇给马带来了痛感，为了尽快摆脱这种痛感，马儿就会疯狂地奔跑，以期甩掉身上的马蝇。马蝇效应来源于林肯身上的一段有趣

经历：

少年时期的林肯十分好动，有一天，他和他的兄弟在肯塔基老家的一块农场里犁地。林肯在后面吆马，他的兄弟在前面扶犁。可是那匹马儿慵懒，总是慢慢腾腾，走走停停。为此，两兄弟大伤脑筋。突然不知道怎么回事，那匹马儿走得飞快。林肯感到很奇怪，走到地头时，林肯才发现有一只很大的马蝇叮在了马屁股上，他便随手将马蝇打掉了。他的兄弟就在旁边抱怨说："哎呀，你干吗要打掉它，就是因为有了这家伙，马儿才跑得这么快呢。"林肯这才恍然大悟。

马儿经马蝇这么一咬，就会感觉到疼痛，感觉到不舒服。为了摆脱这种不好的感觉，它便奋力地跑了起来。一旦马蝇没有了，马儿感到舒服了，就不会再那么尽力地跑了。这就是马蝇效应的由来。它告诉人们，即使是再懒惰的马，只要给予它足够的刺激，它也会焕发出十足的生命力。

在团队管理中，马蝇效应是管理者最常用的一种管理手段。对于一个团队而言，如果长时间保持风平浪静，其最终的状况往往是表面上一片和谐，实则一潭死水，而且这种平静必将使团队失去激情，慢慢丧失战斗力。所以，管理者需要通过采取一些手段，或改变团队的环境，或给团队成员增添一些竞争对手，使团队成员产生一种被"刺痛"的感觉，以此来激励成员的上进心。

当然，不仅仅是针对团队管理，对于我们个人而言，马绳效应也是适用的。一个始终处在安逸环境中的人，因为没有任何的威胁，他就不必为生存和挑战而心生烦恼。久而久之，他就会失去上进心和做事的积极性。温室的花朵之所以经不起风吹雨打，就是因为它们缺少了"马蝇"对它们的磨炼。

马蝇效应是刺激人们内心欲望的一种心理定律，只要刺激到人们内心薄弱的部分，就能够诱发出他们巨大的潜能，激发他们的生命力和挑战欲望，同时也促使他们走向成功，并创造出更大的效益。

1. 吸引人才、壮大企业的"奶油蛋糕"

企业的发展需要人才，如何把更多的人才吸引到你的企业，成为管理者关注的重要话题。人性的弱点是，要么贪图钱财，要么贪图权力，要么贪图名誉。正是因为这种弱点，管理者只要给予他们各自所需的"奶油蛋糕"，就不怕吸引不到人才。同时，优秀人才的集思广益，也能迅速地把这块"奶油蛋糕"做大，并激励他们继续前进，进一步壮大企业。

2. 善于激励，你就捕获了成功

善于激励，成为当今世界一个重视的课题。古往今来，无数成功的案例都揭示了一个真理：只要你善于激励下属或他人，你就距离成功不远了。在职场中，员工的积极性、主动性和创造性，是企业保持活力的源泉，决定着它们是否拥有足够的市场竞争力。因此，想要激发出员工的潜力，做好有效的激励至关重要。

对于企业而言，要想保持企业的长盛不衰，其经营者、决策者和管理人员必须充分认识到激励对企业的发展所起的重要作用，有针对性地采取激励措施。优秀的管理者应该随时关注员工的工作状态，不断激发他们的热情和斗志。针对不同的员工，管理者要采用不同的激励方式，才会让他们飞速地奔跑起来。

你跑得快，靠的是竞争

原本懒惰的马为什么能够在瞬间充满活力呢？就是因为马蝇的叮咬，使马一刻也不敢放松；马蝇的叮咬，使马痛痒难忍，不得不跑起来。如果我们给马提供一种摆脱马蝇或者解除疼痛的方法，马一定会按照我们的方法去行动。

其实，马蝇和马鞭有着同样的效果。为了让马能够快速地奔跑起来，只要我们往马的身上不断地狠抽鞭子，马经不住疼痛，就会竭力往前狂奔。一旦我们停止抽鞭子，马就会逐渐放慢速度。如此反复，马便习得了一种条件刺激反应。然而，对于人们来说，个人的发展由弱到强需要什么来"叮咬"呢？

事实证明，在有竞争对手"叮咬"的时候，人往往就能保持旺盛的势头，最终让自己壮大起来，并加速前进。人活着，就一定要有对手。有了竞争对手，做事才会有积极性；有了竞争对手，才会不断地对自己的优势和不足进行反省。从这个层面上来说，竞争对手就是我们的镜子，也是"叮咬"我们、驱使我们前进的马蝇。

看一个人是否伟大，要看他的对手是否伟大。只有与旗鼓相当的对手竞争，才能使我们更加努力。毕竟落后就要挨打，正因为对手的存在，才让我们时刻不敢松懈。这就如同马蝇和马，想要摆脱马蝇带来的刺痛，马就必须要发力狂奔，将其甩下去，才能让自己好过。如果马停在原地不动，只有一个结果：受苦。

都说同行是冤家，无论你从事什么工作，必然存在着残酷激烈的竞争。不承认和不正视这种竞争，便是掩耳盗铃，故作天真；过分夸大这种竞争，则是舍本逐末、倒行逆施。学会与高手过招，会使你的职业生涯受益无穷。那么，面临高手带给你的巨大压力，该如何应对呢？我们唯一要做的就是抓住竞争的机会，去战斗，去拼搏。也许你会失败，但在竞争的过程中，你也能从对手身上学到很多东西。那么，我们应该如何为自己寻找一位合适的竞争对手呢？

1. 不要找太弱的对手

如果将马蝇换成其他弱小的虫子，即使一口咬了上去，也咬不破马儿的皮。对于马儿来说，它根本感觉不到任何痛感。毫无疑问，它也不会因为疼痛而飞速奔跑了。我们找对手也是同样的道理，如果找一个三下两下就能打败的人做对手，不仅浪费了彼此的时间，对我们的成长也起不到任何助推作用。

2. 不要找太强的对手

如果将马蝇换成一只老虎，以此来刺激马儿狂奔，那么，最后的结局可能是马儿最终被老虎一口咬掉了半个屁股，导致一命呜呼了。可见，如果对手太过强悍，就不能说是它刺激我们、帮助我们成长了，只能说，它这是直接将我们置于死地了。

3. 不要找不是同一领域的对手

每个人都有自己擅长的领域，所以，如果我们要为自己寻找对手，最好是从自己擅长的领域开始寻找。如果找了一个完全与自己领域不相干的人做对手，相互请教、指点的机会或许不会太多。竞争对手就是最好的老师，他可以教给我们成功和失败的各种经验，教我们做好自己的工作，逼迫我们学会思考才能战胜他。所以，你不想被打败，就只能选择前进。

人生就是一场马拉松，如果你原地不动，就算别人跑得再慢，也会超过你的。或者说，即使你跑了，也不一定跑得比别人快。你跑得快，别人比你跑得更快。所以，你跑得快，靠的就是竞争。你不努力，就会被人淘汰，逆水行舟，不进则退。被对手追上甚至超过的危机感，促使自己的潜力爆发，激发自己的积极性，去努力提高自己，以此击败你的竞争对手。

第28课
倒U形假说：适度压力，让工作更有效

> 　　倒 U 形假说是由英国心理学家罗伯特·耶基斯和多德林共同提出的。它是说当一个人处于轻度兴奋时，可以把工作做得最好；当一个人一点儿兴奋都没有时，也就失去了做好工作的动力；当一个人处于极度兴奋时，随之而来的压力可能会使他完不成本该完成的工作。倒 U 形假说告诉人们：激情过热就会把所有的理智烧光；热情中的冷静可以让人清醒；冷静中的热情使人执着。因此，压力中有动力，兴奋中有冷静，才能激发人们学习的潜能。

压力中有动力，兴奋中有冷静

　　世界网坛名将贝克尔是西德职业网球运动员，他曾经获得过 6 个大满贯单打冠军。在他 17 岁时，便夺得了温布尔顿网球公开赛的男单冠军，一度成为最年轻的大满贯男单冠军。在整个职业生涯中，贝克尔被称为"常胜将军"，其秘诀之一就是在比赛中自始至终避免过度兴奋，保持半兴奋的状态。因此，人们将"倒 U 形假说"又称为"贝克尔境界"。

人们常说，压力中有动力，兴奋中有冷静。然而，压力太小，没有动力；压力太大，又成为阻力；只有压力适中，才能成为激励人的动力。虽然大多数管理者都知道激励的作用，但是在实施方法上却存在着不少的误区。有的管理者认为，只有巅峰的情绪才是工作的最佳状态，才能让人保持积极向上的心态。实际上，这是一种大错特错的想法。也就是说，激励也要讲究适度原则，否则只会适得其反。

某品牌汽车为了提高劳动生产率，实施了一次企业再造、改革计划，对汽车的生产装配操作加强控制。同时，公司推出了新的绩效激励机制，中层领导完成月绩效，将在年底拿到 25% 的纯利润。为此，中层领导便努力增加车间工人的绩效，延长工人的工作时长，不需要创新产品，只需要不断增加之前的产品即可。

改革后，车间工人发现公司的管理像 30 年代的"血汗工厂"，让自己以同样的工资做更多的工作。随着工作重复性越来越高，且工作时长增加，工人无法对工作产生兴趣，不满大大增加。起初工人提出了对工作时长和薪资的不满，指责的人也从最开始的 100 人增加到 5000 人。最后工人举行了一次罢工，企业直接损失了几千万元。而后屡次发生装配线停工的事，因为工人怠工，汽车没有进行必要的检验就出厂，从而出现了大量质量问题。这个品牌的汽车也成为了"不安全"的代名词，该品牌在汽车行业一蹶不振。

欲使潜能出，当有三分狂。对于管理者来说，不仅要让自己保持适度的激情，还要激励自己的员工也保持适度的激情。只有两者兼备，才可以使整个企业或团队高效地完成任务，顺利地完成目标。当然，在管理的过程中，管理者要通过适当的激励，调动员工的工作热情，发挥员工的主观能动性，激发员工的最大潜能。

适度的激励，是一种有效的激励，否则物极必反，过犹不及。换言之，有效的激励，也就是适度的激励，要求做到五个"必须"：其一，必须与目标或任务相关；其二，必须明确地指向员工的行为；其三，必须是即时迅速的；其四，必须使员工了解管理者的感受以及对团队的帮助；其五，必须是真诚的，且与员工的个性相适应。

激励是一种压力，压力也是一种激励。在很多企业中，有些员工与管理者经常"打游击战"。管理者在时，就装模作样，表现得十分卖力；管理者刚走，员工就开始"大闹天宫"了。为什么会这样呢？其关键就在于缺少一种压力。适度的压力会使人感到精力充沛，并能保持较长一段时间。如果压力很好地保持在一定的可控制的水平，它将激励人们在较长的时间里做出高质量的工作。

当员工感到紧迫的时候，压力就会随之而来。企业管理者可以从外部给员工施加一点压力，就能促使员工不懈努力，激励员工不断进取。在压力的压迫下，员工会获得动力而冲出屏障；相反，过大的压力会把员工压得喘不过气来，从而使员工产生沮丧和无助的心情。这样的结果，就与员工的预期产生了较大的差别。比如著名画家达·芬奇，如果不是老师给他施加压力，他又怎能坚持一遍遍地重复画"蛋"呢？他又怎么会有日后的成就呢？

有压力，才会产生动力。适度的压力为生活助力，如果我们能持之以恒地保持一种积极进取的状态，那么，我们给予自己的压力就是良性的。良性的压力会促使我们更好地对待工作和生活，这就是我们在寻找的最佳平衡点。

陷入"焦头烂额"时，你需要"清理门户"

倒 U 形假说提醒人们，兴奋与过度兴奋是两个不同的概念，当一个人受到激励后，如果外表仍然表现得十分平静，但是内心却充满着激情，这就是完成任务的最佳状态；当一个人处于极度兴奋的状态时，肾上腺激素大量分泌，随之而产生的身心压力，就会使他完不成在正常状态下能够完成的任务。因此，所有事情都要适度，压力也不例外。压力过大时，就会让人陷入焦头烂额之中。

美国《时代》杂志曾经报道过这样一则封面故事："昏睡的美国人"。大概意思是说：大多数美国人都难以体会到"完全清醒"是一种什么样的状态。因为他们有太多做不完的事情，每天都把自己忙得焦头烂额。这听起来似乎有点儿不可思议。然而，这并不是在给大家讲笑话，而是在讨论一个极为严肃的话题。

细想一下，现实中的你，是不是也像美国人一样，没有太多的时间是"完全清醒"的？尤其对于上班族来说，几乎没有太多的时间是属于自己的。沉浸在工作中的你，每天开会、加班、熬夜，回到家中还要做那些没完没了的家务。有多少个夜晚，你可以不用担心明天的工作报告，安安稳稳地睡个好觉？有多少个白天，你可以和家人坐在一起完完整整地吃顿午饭？

其实大多数时候，人们都无法专心休息，总是担心这个，害怕那个，这正是很多现代人共同的写照：一心数用。其结果便是：人们不能专心地做好每一件事，不能思考，不能交谈，不能运动，不能休息……或许大部分人都高估了自己的能力，以为自己无所不能，可以手脚并用地完成很多件事情。殊不知，如果长期这样下去，人们就会因为工作、生活而感到焦头烂额。

一旦陷入"焦头烂额"的境地，就会让人们十分焦虑，进而产生一种被打击的心态。比如在工作中，原本处理的问题是我们得心应手的，管理者又突然给你加重了任务，以至于让你烦躁不堪。之所以会出现这种状态，就是因为管理者增加了你的工作压力，让你产生了一种逆反心理。又比如，我们对某一款 App 认识不足，以至于我们花费了大量的时间去处理这款软件。这一系列的事情都让我们束手无策，并因此焦头烂额。

现实中的你，如果也不自觉地陷入了"焦头烂额"的境地，那么，你就要抽时间来个"清理门户"的行动，要做到以下三点：首先要做到面面俱到。对每一件事都要采取行动，而不是被困在原地；其次要学会重新整理。学会改变事情的先后顺序，重要的事情就安排在前面去做，不重要的事情就先搁置一边；最后要学会舍弃。尝试着去丢弃一些无关紧要的东西，你会发现自己的内心也会轻松很多。

当你发现自己被四面八方的各种琐事捆绑得动弹不得时，你是否静下心来想过：究竟是谁造成了今天这样的局面呢？是谁让你昏睡不已？是谁让你焦头烂额？所有的问题都很好回答：是你自己，并不是别人。

所以，当你陷入"焦头烂额"时，要时刻记得"清理门户"。然而，所有这些都需要你亲自去负责，去行动，而不是指望它们来对你负责。

第29课
秋尾法则：尊重即是奖励，信任才是胜任

秋尾法则是由日本管理学家秋尾森田提出的。它是说如果我们把很重要的职责放在年轻人的肩头，即使没有什么头衔，他也会觉得自己十分重要从而努力地去工作。也就是说，尊重即是奖励，信任才是胜任。要想在管理中实现最佳的状态、创造最高的效率，其前提就是管理者对下属或员工要做到充分的尊重和信任。因为尊重可以让员工有主人翁的感觉，信任可以激发员工的潜能和工作热情。

信任是企业管理的基石

秋尾森田认为，不守信用的人犹如酩酊大醉的酒鬼，满嘴都是胡言乱语。这样的人最后只能引来怀疑和嘲笑。即使他清醒过来，也不会有太大的改变。

从心理学上分析，信任的重要性不言而喻，它关系到管理者对员工的期望。如果管理者向员工承诺了一件事，就代表着对员工的信任，让员工对管理者产生了一些期待；如果管理者承诺之后却不兑现，就代表着对员

工的不信任，让员工对管理者产生一种厌恶感。随之，管理者也就失去了影响力。

信任是合作的开始，也是企业管理的基石。在一个企业中，如果管理者和员工之间没有建立基本的信任，就说明这是一个没有凝聚力的团队，也是一个没有战斗力的团队。因为在员工的精神生活中，信任是必不可少的，它代表着一种对人们价值的积极肯定和评价。同时，信任也是一种激励，可以激发人们积极而热情的情绪。

如果企业给予员工一份信任，员工会给予企业十倍的回报。员工在企业里的工作，是鉴于企业信任员工，员工信任企业，由于双方相互信任，才达成了工作关系。换言之，既然员工已经被招进企业参加工作，无论是管理者还是人力资源部门，都要给予员工应有的信任。领导要明白"用人不疑，疑人不用"的道理。这就是信任，信任的是品德和能力，更重要的是要让员工信任管理者。

齐国的管仲在任职宰相之前，曾经负责押送犯人。但是，管仲与其他的押解官有所不同，他并没有按照预定的行程去押送犯人，而是让他们按自己的意愿来安排行程，只要在预定的时间内到达就可以了。犯人们感到这是管仲对他们的信任与尊重。因此，没有一个人在中途逃跑，全部如期赶到了预定的地点。可见，信任对人的影响十分巨大。任用别人，就要相信别人的能力。

管理者信任员工，对于一个团队有着至关重要的作用：首先，信任可以让员工处于互相包容、互相帮助的人际氛围中，易于形成团队精神以及积极热情的情感；其次，信任可以让每个员工都感觉到自己对他人的价值以及他人对自己的意义，从而满足个人的精神需求；最后，信任可以有效地提高合作水平及和谐程度，促进工作的顺利开展。

信任是一种复杂的社会与心理现象。信任员工，让员工承担更重要、更高级的工作，对于企业的发展意义很大。毕竟年轻员工的腰是硬实的，可以撑得起一块大石头；年轻员工的梦是遥远的，他们愿意为之付出努力。

正如一位员工所说："领导把我当牛看，我就把自己当成人；领导把我当人，我就把自己当成牛。"一个有远大抱负的企业，他们的未来在年轻一代的管理者身上，他们把握时代脉搏的神经在年轻员工身上。所以，如果你希望企业在未来的竞争中占据制高点，就要在着手培养年轻管理者的同时，给予年轻员工充分的信任。

如果有一天，你有幸坐到了老板的位置，你或许就会发现，"老板"与"管理者"并非完全等同。老板只是一种职位和头衔，而管理者则意味着一种领导力。虽然让人口服的是职位和头衔，但让人心服的却是领导力。所以，要想从老板变成让人口服心服的管理者，就要信任自己的员工，员工才会选择信任你，才会对你心服口服。

管理，从尊重与信任开始

1963 年，西方心理学家奥格登进行了一项警觉实验，他将测试者分为4 个组：第 1 组为控制组，不施加任何激励，只是如实告知他们实验的要求与操作；第 2 组为挑选组，被告知他们是经过挑选的，觉察能力最强，理应错误最少；第 3 组为竞赛组，他们得知要以误差数量评定小组优劣与名次；第 4 组为奖惩组，每出现一次错误就罚款，每次反应无误就发少许奖金。

那么，究竟哪一组的警觉性得分最高呢？想必那些经验丰富的 HR 经理们一定会想：肯定是第 3 组和第 4 组中的其中一组吧，因为人们总是希望自己能够在竞争中胜出；人在"重奖之下"个个都可以成为"勇夫"。但是，心理学家的实验结果却令人们出乎意料：经过测试发现，第2组的警觉性最强。正是因为第2组的人受到了尊重和信任，并受到了积极正面的心理暗示，所以，他们才会表现得更加出色。

由此可见，单凭业绩考核、奖优罚劣与业绩排名、末位淘汰，并不能有效地激励员工发挥潜力。只有给予员工必要的尊重和信任，才可以收到更佳的效果。所以，管理者完全不必害怕一旦给员工点阳光，他们就会灿烂。在工作中，管理者要学会给予员工一些充满期许的目光，要用一种信任去激发员工，使他们对自己充满自信心。如此一来，员工才能够身心愉悦地接受颇具挑战性的工作。

美国学者弗兰西斯曾说："你可以买到一个人的时间，你可以雇一个人到固定的工作岗位，你可以买到按时或按日计算的技术操作，但你买不到热情，你买不到创造性，你买不到全身心的投入，你不得不设法争取这些。"对于管理者而言，他们选择尊重和信任员工，就相当于帮助员工做出了"我能够胜任，我可以做好"的承诺，并从上级的角度认可、接受了员工的这一承诺。因此，员工也会以兑现这种基于信任的承诺，做到不负重托与期望。

从心理学角度分析，管理之中的尊重和信任，通常体现在人际交往中，一方充沛的感情和较高的期望可以引起另一方微妙而深刻的变化，使对方按照自己期待的方向发展。尊重和信任，对于员工而言，是一种激励；尊重和信任，对于管理者而言，则代表着一种能力。

管理者总喜欢引用一句话：没有规矩，不成方圆。然而，他们却大大地忽视了一个事实：如果未能充分调动员工的积极性，而且还为员工立了很多的规矩，如此一来会无形中提高管理的成本。所以，企业管理最起码的一条规矩就是对员工的尊重和信任。

"要尊重个人"，这条原则早在 1914 年老托马斯·沃森创办 IBM 公司时就已被提出。小托马斯·沃森在 1956 年接任公司总裁后，又将该条原则进一步地发扬光大，上自总裁下至传达室，无人不知，无人不晓。IBM 公司的"尊重个人"既体现在"公司最重要的资产是员工，每个人都可以使公司变成不同的样子，每位员工都是公司的一分子"的朴素理念上，更体现在合理的薪酬体系、能力与工作岗位相匹配、充裕的培训和发展机会、公司的发展有赖于员工的成长等各个方面。

在企业管理中，尤其是对员工的管理，如果过多地强调"约束"和"压制"，往往会适得其反。只有那些聪明的管理者，才会在"尊重"和"信任"上下功夫，了解员工的需要，然后一一满足他。比如惠普中国公司原副总裁吴建中曾说过，一个好的企业和好的管理者始终要牢记这一条：他的职责是帮助员工成功。

尊重和信任员工，是人性化管理的必然要求。只有员工的身份得到了尊重，他们才会真正感到自己被重视、被激励，做事情才会发自内心，才愿意和管理者打成一片，更愿意站到管理者的立场去探讨工作。所以，想要做好管理，就要把员工当作一个社会人来看待，从尊重和信任员工开始。

第十一章 财富

第30课

马太效应：穷人为什么更穷，富人为什么更富

马太效应是由美国科学史研究者罗伯特·莫顿提出的。它是说任何个体、群体或地区，在某一个方面（如金钱、名誉、地位等）获得成功和进步，就会产生一种积累优势，也会有更多的机会取得成功和进步。马太效应是社会学家和经济学家们常用的术语，它反映着富的更富，穷的更穷，好的更好，坏的更坏，多的更多，少的更少，是一种两极分化的社会现象，广泛应用于社会心理学、教育、金融以及科学领域。

好的越来越好，差的越来越差

有个富翁准备出门旅行，临走之前，富翁给三个仆人每人50块钱，并吩咐他们："你们拿这50块钱去做生意，等我回来时，一起来见我。"不

148

久，富翁回来了，第一个仆人说："主人，你交给我的 50 块钱，我已经赚了 100 块钱。"于是，富翁又奖励给他 100 块钱。第二个仆人报告："主人，你给我的 50 块钱，我已赚了 80 块钱。"于是，富翁奖励他 80 块钱。第三仆人报告说："主人，你给我的 50 块钱，我怕丢失，就一直把它包在手帕里，一直没有拿出来。"富翁听后，立即命令将第三个仆人的 50 块钱赏给了第一个仆人，并说："凡是少的，就连他所有的，也要夺过来。凡是多的，还要给他，叫他多多益善。"

这就是一种马太效应，这个例子告诉人们，好的只会越来越好，差的只会越来越差。一开始，人们并不知道其中的道理，甚至还会感到有些莫名其妙，"好的越来越好，差的越来越差"，简直就是一种强盗逻辑。

直到 20 世纪 60 年代，罗伯特·莫顿首次将这种现象归纳为"马太效应"时，人们才从莫名其妙中惊醒过来。莫顿曾经说过："已有一定声誉的科学家做出贡献，人们给予他的荣誉越来越多，而对那些没有名气的科学家，则不认可他们的成绩。"他的这句话概括了社会中普遍存在的一种现象——多的越多，少的越少；好的越好，坏的越坏。也就是说，从这个时候开始，人们才学会如何利用马太效应，谋求利益的最大化。

老子曾说："天之道损有余而补不足。人之道则不然，损不足以奉有余。"这句话的意思是说：自然界是均衡且统一的，比如昼夜交替和寒来暑往，始终呈现出一种平衡的状态。然而，人的生存却并不是这样，往往是穷的越穷，富的越富，好的越好，差的越差，其含义与马太效应有相似之处。

在社会的各个方面，比如在商业方面，一些知名的品牌，它的销量只会越来越好，销量好也会让它更有名；相反，一些不知名的品牌销量不好，最后还会导致这个品牌彻底消失在市场上。好的越来越好，差的也只会越来越差，这似乎是一个永恒不变的道理。再如在人才占有方面，就存在着明显的马太效应。世界各地都存在着人才危机，通过观察会发现，占有人才越多的地方，对人才的吸引力就会越大；相反，如果某个地方人才稀缺，那么人才则很难进入此地。

在现实生活中，人们往往会借助各种社交结识更多的朋友，但朋友很少的人则一直在自己的圈子中活动。那些名声在外的人，就因为他们抛头露面的机会多了，所以他们往往变得更有名望；那些一直在小圈子里的人，总是很难引起他人的关注，这也是一种马太效应。

可以说，不管是在个人发展还是在国家或企业之间，都存在着明显的马太效应。当一个人优秀到一定程度后，人们就会觉得他的"伟大"是与生俱来的，他的缺点也就不称其为缺点。通过不断努力排除障碍和缺点，破茧成蝶，就会往更好的方向发展。

争做通吃天下的赢家

微软在互联网时代的垄断地位就是马太效应一手造成的。微软掌握了个人电脑市场的先机后，不论是 DOS 系统还是 Windows 系统，90% 以上的市场份额都收入了微软的囊中，为它积累了巨大的财富和信誉。其结果必然是一家欢乐多家愁。对于那些影响力不大的产品，即使性能再优越，也无法与之抗衡。可见，马太效应在企业产品品牌竞争中的作用不容小觑。

纵观我们周围，还有许多马太效应的例子。从投资来看，即使投资回报率相同，一个比别人投资多 10 倍的人，收益自然也会多 10 倍。这也是马太效应，反映了当今社会中存在的一个普遍现象——赢家通吃。

对企业经营发展而言，要想在某一个领域保持优势，就必须在此领域迅速做大。如果没有实力迅速在某个领域做大，就要不停地寻找新的发展领域，才能有机会获得较好的回报。在这个经营者的黄金时代，似乎人们的眼里只有第一，没有第二。既然只有赢家才能制定游戏规则，我们就要想尽办法争做通吃天下的赢家。

1. 睁大眼睛选择目标

成功从来不会不请自来，许多事情都没有想象中那么简单。有时候，一味地苦撑下去就会陷入困境之中。所以，在选择目标时一定要睁大眼睛。如果一个人正在做一件与自己的性情不合的事情，想必他也不会有什么激情，更不会投入全部的精力和热情，也谈不上发挥潜力，更不会拥有成功的机会。

2. 超越竞争，才能赢得竞争

所谓超越竞争，就是要不断地创新突破，力求远远领先于竞争对手，使对手很难赶上。英特尔公司在研制 286 和 386 芯片时，遭到了许多竞争者的仿制。面对这种情况，英特尔公司从 486 开始，扩大产品线，使得模仿者无从效仿，给竞争者设置了难以逾越的门槛。

3. 要学会树立品牌意识

品牌就是生产力，品种就是竞争力。在激烈的竞争中，要想保持优势，就必须加速发展，让我们变得足够强大。如果能在某个方面处于领先地位，即使得到的回报与别人相同，也比弱小者更容易获取更多的收益。如果没有实力在某个领域领跑的话，就要不停地改变环境，尝试着树立一种品牌意识。

不论是对于企业还是个人，只要一直努力，就有机会变强，也会在变强的过程中受到鼓舞，从而变得越来越强。对于企业而言，如果管理者态度积极、主动，就会因此获得精神或物质方面的财富；对于个人而言，如果有一天你获得了财富，你的态度就会进一步强化你的积极主动。这就是在告诉人们，要想改变企业或个人的困境，先要改变企业或个人的思维，才能成为一个通吃天下的赢家。

第31课

羊群效应：投资理财并不是赶时髦

羊群效应，也叫从众效应。它是指一群人或动物在某些特定环境中出现的一种集体行为，它们在接受整体影响时会产生一致的行为与反应，从而形成一致的行为模式。羊群效应提醒我们，人在一定的社会环境中会受到整体的影响，会出现集体的行为和反应，从而对自身的行为和思维产生影响。如果我们想改变自己的行为和思维，就必须先改变自己所处的社会环境，使自己处在一个有利于自我发展的环境中。

不要让从众心理扼杀了你的优秀

经过牧羊人的长期观察，他发现，羊群是一个十分散乱的群体。平时，它们都喜欢盲目地左冲右撞，或者说是不假思索地一哄而上。但是，只要有一只领头羊动起来，这群羊就会跟着领头羊。领头羊走到哪里，这群羊就会跟着去哪里。即使领头羊去的地方有狼出没，它们也会一股脑地跟着去。

心理学家曾做过这样一个实验：在一群羊前面横放一根木棍，第一只羊跳了过去，第二只、第三只也会跟着跳过去。这时，如果有人把那根棍子撤走，后面的羊走到这里，仍然会像前面的羊一样向上跳一下，这就是羊群效应，也被称为从众心理。

羊是如此，人亦是如此，当一个人的举止与周围人相同时，该举止就会被认为是对的。换句话说，如果更多的人认为某种想法是对的，这个想法就自然而然地被认为是正确的。可见，一个人的行为可能会影响到整个群体。

在经济学中，人们经常用羊群效应来描述人们的从众跟风心理。殊不知，从众心理很容易让人们盲从，而盲从往往会使人遭遇失败。在这个竞争激烈的时代，为了求得成功，每个人都想不断地模仿"领头羊"的一举一动，想跟着他去淘更多的金。殊不知，这就是一种"随大溜"的行为。如何才能克服从众心理，不被众人跟风的表象所迷惑？

1. 确认自己是否拥有长远的战略眼光

你是否拥有长远的战略眼光，决定了你是否有"随大溜"的从众心理。一般情况下，在竞争激烈的行业中最容易产生羊群效应。比如做 IT 赚钱，大家都想去做 IT；做管理咨询赚钱，大家一窝蜂拥上去。如果你拥有长远的眼光，就应该去寻找一份真正属于自己的工作，而不是那些所谓的"热门"工作。

2. 用自己的脑子去思考并衡量自己

要想克服从众心理，就应该用自己的脑子多思考，多衡量。即使做不了领头羊，也绝不做一只"随大溜"的羊。如果你人云亦云而没有独立的思考，就始终无法在职场落脚，要想占有一席之地更无可能。毕竟风险与利益是成正比的，到底跟随哪只"领头羊"也是需要经过分析的。所以对于羊群，要谨慎分析风险与预期收益的比例是否合适，再做是否跟投的重大决定。

3. 一定要相信自己掌握的信息

想要避免成为"随大溜"的羔羊，就要相信自己掌握的信息。因为"羊群行为"者往往会抛弃自己的信息而去追随别人，这就会导致市场信息传递链的中断。但这一情况有两面影响：第一，"羊群行为"由于具有一定的趋同性，从而削弱了市场基本面因素对未来价格走势的作用。第二，如果"羊群行为"是因为投资者对相同的基础信息作出了迅速反应，在这种情况下，投资者的"羊群行为"加快了股价对信息的吸收速度，促使市场更为有效。

在企业中，管理者利用人们的从众心理，在营销方面会使用一些手段。同时，管理者也会根据从众的心理，来管理自己的企业。无论是在工作还是生活中，我们不仅要看到从众心理带来的优势，也要看到从众心理带来的弊端。

一方面，我们要保持自己心态的独立性，一旦认准了一只金蛋，就不要被别人的言论所左右；另一方面，我们要学会理智地分析，不要被众人跟风的表象所迷惑，要用伯乐的眼光审时度势。只有这样，才不会让从众心理扼杀了我们的优秀。

不做任人宰割的"羊"

石油大亨到天堂参加会议，他一走进会议室，发现座无虚席，自己没有地方就座。于是，他灵机一动，大喊一声："地狱里发现石油了！"他这随口一喊，天堂里的石油大亨们却当了真，纷纷向地狱跑去。很快，天堂里就只剩下那位石油大亨了。这时，大亨心想：大家都去了，莫非地狱里真的发现石油了？于是，他也三步并作两步地向地狱跑去。

　　这虽然只是一个幽默故事，却充分地体现了一种羊群效应。在资本市场上，羊群效应就是指在一个投资群体中，单个投资者总是根据其他同类投资者的行动而行动，在他人买入时他跟着买入，在他人卖出时他跟着卖出。当然，导致出现羊群效应的还有其他一些因素。比如有一些投资者可能会认为同一群体中的其他人更具有信息优势。所以，羊群效应也可能是由系统机制所引发的一种现象。

　　不难发现，在投资生活中，羊群效应的现象也是比比皆是。但是，那些盲目从众的"羊"，并没有像自己想象中那样赚到翻倍的利润，而很容易成为一只任人宰割的"羊"。就拿股市来说，大多数的散户都会被股市情绪所控制，从而产生一种从众心理：在行情好的时候，一个个挤破脑袋，蜂拥而上；行情不好的时候，一个个消极沮丧，情绪失控。殊不知，在股市投资中，说不定少数人的看法才是最正确的。

　　比如那些股市大亨们，他们想从散户手中拿到廉价的筹码，就会大喊："天堂在 2500 点以下！"结果，那些原先看好 3000 点的散户听到大亨们的喊话后，纷纷放弃了原有的位置，蜂拥到 2500 点去寻找自己的天堂。但是，很快通往 2500 点的路就被截断了。当散户们再次回来时，却发现自己原来的位置已经被那些喊话的大亨们占据了。此时，大亨们再一次喊话："真正的天堂是在 5000 点上方。"这时候，竟然还有一些散户忘了先前吃的亏，再次相信大亨们的说辞，争先恐后地涌向 5000 点。最终还是那些没有主见、盲从的散户为大亨们买了单。

　　可见，在股票投资市场上，羊群效应体现得更加具体。虽然每个人都认为自己有判断能力，但是在大多数时候，人们总是不自觉地"随大溜"。然而，这种做法带来的收益，往往十分不乐观。可以说，与人们所期望的大相径庭。无论是股票也好，基金也好，乃至自己投资开公司，心态是至关重要的。

在很多的商业行为上，羊群效应也有具体的体现。比如一家企业在某个产品上做得非常理想。很快，其他企业也发现了这样的情况，也想做同样的产品。于是，加入这个营利队伍的企业就变得越来越多，甚至造成了市场的饱和。这时候，有一些企业就会因为没有办法卖出产品而出现损失，严重的还会导致企业破产。于是，一开始做这个产品的企业也会放弃继续生产这个产品。

作为企业的掌控者，要想继续做大自己的企业，就要试图打造"狼性"企业，而不要做一只任人宰割的"羔羊"企业。只有那样，企业才会有更大的发展空间，才能决定企业未来的走向。所以，不管是企业还是个人，野心足够大，眼界足够宽，有理想和抱负，才可以创造一个美好的未来。

第十二章 预测

第32课

罗杰斯论断：别在危机中做空自己的人生

> 罗杰斯论断是由美国 IBM 公司前总裁 P. 罗杰斯提出的。它是指成功的公司不会等待外界的影响来决定自己的命运，而是始终向前看。对待问题也是如此，如果能够及早地预见问题，将其消灭于萌芽状态，就可以有效地解决问题。它强调的是竞争中的一种忧患意识，只有未雨绸缪、居安思危的人，才能应对一切突发事件，把握自己命运的方向。一个真正精明的人，对自己所处的环境总是富有一定的洞察力。

在实践探索中培养预见力

罗杰斯认为，对待问题的态度，就应该像对待疾病的态度一样。在身体刚感觉有些不适的时候，就要及时进行治疗，以免病情发展得更为严重，最后导致无法医治。也就是说，一旦察觉到某种对自己不利的势力时，就要立即出手打压，将其扼杀在摇篮之中。如果坐视其发展壮大到和自己旗鼓相当甚至强于自己时，再出手就为时已晚了。

西方有句谚语："太阳底下无新事。"只要抓住事物发展的一般规律，就可以在一定程度上预测其变化发展的大致方向。管理者作为企业的"领头雁"，就要着力增强工作的预见力，对可能发生的问题要准确地把握，尽量做到未雨绸缪、有备无患。

既然未来是不确定的，那么，计划在不确定因素面前就会显得无能为力。所以，人们必须学会随机应变，必须拥有确定的目标和长远的计划。大多数时候，人们都会被眼前的利益蒙蔽双眼，从而忽视潜伏的危险，在不知不觉中走向失败。因此，人们一定要高瞻远瞩，培养自己预见未来的能力。

几百年前，雅典人在准备攻击西西里岛时，一心只想着战争带给他们的财富和权力，但是他们却从没有考虑到，战争带给他们的危险性和西西里人抵抗战争的顽强性。正是因为雅典人求胜心切，战线拉得太长，才导致他们的力量被分散了。再加之西西里人团结一致，雅典人就更加难以应付了。毫无疑问，雅典的远征最终导致了自身的覆灭。这就是在提醒人们，胜利的果实虽然十分诱人，但是远方隐约浮现的灾难更加可怕。

作为管理者，不要只想着获得成功，还要预想到成功路上随时会遇到的那些潜在危险，这种危险有可能就是致命的。不要因为眼前的小利益而毁了企业的大好前景，更不要被欲望蒙蔽了双眼。一旦管理者的目标不切实际，他的计划就会随着周围状况的改变而不断地改变。那么，如何才能提高人们的预见力？

1. 预见力源自不断地学习与积累

有的管理者在遇到新问题、新矛盾时，只会凭个人经验，不会有效地利用员工的研究成果和相关经验，这就犹如"闭门造车"；有的管理者在遇到新问题时只会被动应付，好像"挤牙膏"一样推着员工往前走。一个成功的管理者，需要通过不断地学习和积累，才可以提高预见力，进而增强工作的主动性、预见性，想别人之未想，做别人之未做。

2. 预见力源自长期的实践与历练

预见力不是与生俱来的，而是在实践与历练中获得的；预见力也不是在办公室中能培养出来的，需要在长期的实践中去锤炼。许多事情不仅需要"摸着石头过河"，更需要在实践中把握方向。路是走出来的，预见力也是练出来的。在实践中积累智慧经验，才能不断增强判断力和预见力。

3. 预见力源自锐意进取与创新

创新是引领企业发展的第一动力，创新能力是一个企业团队的核心竞争力。只有敢于创新，企业才会有所成长。然而，有的企业总是心存侥幸，不愿正视旧问题，依然用旧有的思维方式看待企业发展形势，这些都是缺乏准确预见力的表现。

无论是在职场还是生活中，我们都应该保持清醒的头脑，根据变化随时调整自己的计划。世事变幻莫测，我们必须具有一定的预见未来的能力。当然，预见未来的能力是需要通过实践探索慢慢去培养的。

未雨绸缪，有备无患

罗杰斯论断强调了一种竞争中的忧患意识，未雨绸缪、有备无患的人才能应对一切突发事件，从而把命运掌握在自己的手里。

实际上，未雨绸缪强调的是在坏的结果来临之前，要先做好准备，准备之后的结果究竟如何，无人能够知晓；有备无患则强调的是一种条件关系：如果做好了充分的准备，就可以避免祸患的发生。毕竟该下的雨还是要下的，如果事先搭起了帐篷，则可以避免雨淋；如果是狂风骤雨，即使搭好了帐篷，也有可能会被吹翻。

从这个意义上讲，未雨绸缪更加强调做准备的动机和行动，而不是像有备无患那样只是强调一种条件关系。但无论如何，在明知有灾难发生的情况下，多做一些准备工作还是有必要的。因此，我们都要学会未雨绸缪，善于发现问题，并增强自身解决问题的能力。绝不能"事不关己，高高挂起"，以为只要自己把脑袋埋在沙子里，就天下太平了。

殊不知，越是在竞争激烈的环境里，越要学会独立思考和分析问题，不能四平八稳地等待天上掉馅饼。要学会主动出击，从各种错综复杂的人际关系和事务中找到适合自己的坐标，然后通过点滴积累，积蓄力量。那么，你就能比别人多一份发现机会、把握机会的可能性。

美国俄勒冈大学商学院院长瑞默斯教授曾说："成功人士必须坚持的原则之一，就是对意外要有充分的准备，成功的策略必须对可能出现的问题有防备，做到有备无患。"意思是说，如果你想离成功更近一点，就要具有敏锐的危机管理意识，不仅悉知如何处理已经出现的危机，还要懂得如何辨别侦测那些潜在的危机。

未雨绸缪，才能防患于未然，才能抵达危机管理的至高境界，避免危机的发生。即使有一天真的遭遇了不测，也不要轻易浪费任何一场危机，而应当迅速敏捷地转危为机。在现实生活中，学会未雨绸缪、有备无患，将一切不利的因素消除在萌芽状态，将自己的危险降到最低，无疑是一种明智之举。毕竟未雨绸缪、有备无患是人生的一大智慧。

如果你是一名员工，即使在安全的地方，也要懂得发现身边的危险，不要沉醉于安逸中。因为一旦你过惯了安逸的生活，你的斗志也会逐渐消磨下去。如果你是一名管理者，你更要懂得未雨绸缪方能有备无患的道理。拥有危机意识，才能在遇到危机时迅速地解决。懂得约束自己、超越自我，并时刻意识到危机的存在，就能使自己立于不败之地。可以说，是否有危机意识，是一家企业能否长久发展的关键所在。所以，危机意识对我们而言至关重要。

微软公司创始人比尔·盖茨常说："微软离破产只有 18 个月。"这种居安思危的意识就是审时度势的理性思考，是在超前意识前提下的反思，是不敢懈怠、兢兢业业、勇于进取的积极心态。连英特尔公司的前总裁安迪·葛罗夫在功成身退之后回顾自己的创业史时也深有感触地说："只有那些危机感强烈、恐惧感强烈的人，才能够生存下去。"

未雨绸缪，有备无患方可安身。只有拥有比尔·盖茨和安迪·葛罗夫那样的危机意识，才能在激烈的竞争中立于不败之地。每一个竞争者都要时时提醒自己不断进步，方能在竞争激烈的环境中生存下来，并开创出属于自己的一片天地。

第33课
萨盖定律：若无错误参考，必无正确比较

> 萨盖定律，又称手表定律，是由英国心理学家 P. 萨盖提出的。它是指一个人有一只表时，可以知道现在是几点钟；当他同时拥有两块表时，却无法确定具体的时间。两只手表并不能告诉一个人更准确的时间，反而会让看表的人失去对准确时间的信心。萨盖定律的意义在于：你只需要一只值得信赖的手表，尽力校准它，并以此作为你的标准，听从它的指引行事。

选择越多，越是混乱

萨盖认为，当一个人拥有两块以上的手表时，不但无法让自己更准确地判断时间，反而会让自己陷入迷茫，从而失去对时间的判断，让很多事情都无法正常进行。按照正常的逻辑来说，更多的手表将会使时间更准确，因为将多只手表的时间进行比较和参考，其误差率就能够大大降低。

然而，现实情况却表明，更多的手表并不能告诉人们更准确的时间，反而会让看手表的人不知道准确的时间。多只手表的存在，最明显的表现

就是实行多种规则而没有确定的原则性。

即是说，每个企业或个人都不能同时选择两种不同的行为准则或价值观念，否则就会陷入混乱的境地。选择越多，越是混乱，说的就是这种现象。无论是做人还是做事，都应该遵守统一的规则，人与人之间才能对话，才能更妥善地合作并解决问题。

在企业管理方面，最关键的就是企业发展目标的混乱以及企业后期的机构臃肿问题。一个人不能同时设置两个不同的目标，也不能由两个以上的人来指挥，否则这个人就会无所适从；一个企业不能选择两种不同的价值观，更不能同时采用两种不同的管理方法，否则这个企业就会陷入混乱而无法发展。

美国在线与时代华纳的合并就是一个典型的失败案例。美国在线是一家年轻的互联网公司，企业文化强调操作灵活，决策迅速，要求一切为快速抢占市场的目标服务。在长期的发展过程中，时代华纳建立起了强调诚信之道和创新精神的企业文化。然而，两家企业合并后，企业高级管理层并没有很好地解决两种价值标准的冲突，导致员工完全搞不清企业未来的发展方向。最终，时代华纳与美国在线的世纪联姻以失败告终。

其实，在很多领域都存在萨盖定律的现象。比如在求学时，有两门选修课都是你所感兴趣的，但是授课时间冲突，你的精力也有限，这时你将做何选择；在择业时，面对地点、待遇不分上下的两家单位，让你不知何去何从；在恋爱时，面对两个不错的追求者，有些人始终不能确定自己的感情。这些都是萨盖定律在不同领域、不同侧面的反映。

面对太多的选择时，人们需要分析、比较、权衡各种选项，这个过程需要消耗大量的认知资源和注意力。如果这种过程过于频繁和复杂，就会导致人们的认知资源和注意力耗竭，从而影响决策的质量和效率。当选择太多时，这些因素之间的矛盾和干扰也会增加，进一步增加决策的复杂性，从而容易导致混乱。

在为人处世方面，你也应该有统一的原则，切忌首鼠两端，以避免两头不落好。即使你是一位公司的骨干，也要遵守统一的规则，不可正面一套，反面一套，也不要好高骛远，什么事情都想插手，想占便宜，最后只会竹篮打水一场空。你选择的越多，拥有的越多，你的大脑就越容易被迷惑，你的工作或生活也就会越来越混乱。

试想一下，那些职场达人之所以能成为高手中的高手，就在于他们不贪恋眼前的美好。想要成为一个名副其实的职场高手，就要扔掉那块多余的手表。因为只有不贪心的职场人，才能笑到最后。

别让太多目标迷失了你的方向

意大利著名的歌唱家卢卡诺·帕瓦罗蒂，也曾有过一段迷茫的经历。在即将毕业时，他便陷入了苦苦的沉思中：毕业后是选择做一名平凡的教师，还是从事自己喜爱的歌唱事业？要么二者兼顾？这确实是个难题。于是，他去询问自己的父亲。他的父亲告诉他说："如果你想同时坐在两把椅子上的话，那你也许会从椅子间的空隙里掉到地上。生活要求你只能选一把椅子坐上去。"听完父亲的话，卢卡诺·帕瓦罗蒂终于下定了决心。从此，他便艰难地跋涉在了歌唱艺术的道路上，直到成为一名光芒四射的世界巨星。

　　此时，我们可以得出这样一个结论：做任何事情都必须要有一个确定的目标，并脚踏实地去努力，这样才有成功的机会。很显然，卢卡诺·帕瓦罗蒂做到了这一点。因为目标多了就等于没目标。一个目标可以使人培养出迅速做决定的习惯，保持强烈的工作热情，使得工作效率大大提高；多个目标虽然可能看上去很美好，却只能分散我们的精力，进而降低工作效率。

　　多个目标，就等于没有目标。当你有多个目标时，可以按照目标的重要性对它们进行简单的排列，也可以按照实现时间的长短对它们进行取舍。但是，无论你使用怎样的标准去取舍，最终目的只有一个：把多个目标简化为一个目标，才能提高工作效率。那些想同时做两件截然不同的事的人，必然任何一件事都干不成。因为有太多的目标，就难免会分散精力，导致一事无成。

　　美国明尼苏达矿业制造公司（3M）的口号是："写出两个以上的目标就等于没有目标。"这句话的智慧不仅体现在公司经营中，也体现在每个人的职场生活里。从表面上来看，多个目标似乎给人们带来了更多的选择，也给人们留下了所谓的退路。实际上，多个目标容易让人迷茫，不知道自己真正想要的是什么，会对我们的生活产生诸多不良的影响。

　　在现实生活中，或许我们每个人都会遇到类似的情况。比如在面对两个各有优点、同样倾心于你的人时，你一定会苦恼许久。按照身高标准，似乎觉得这个好一点；按照相貌标准，又觉得另外一个好一点。这时候，很多人都不知道应该如何选择。这就好比罗盘指针在被磁化之前所指的方向是不确定的，只有在被磁石磁化而具有特殊属性之后，才可以成为真正的罗盘。

当然，对于年轻人来说，在事业的开端有多个目标是很正常的。但是，别让太多的目标迷失了你的方向。你会发现，其实人生的苦恼大多源于拥有太多的目标，正是这些目标让情况变得复杂，让人无所适从。

很多人都在说这样一句话："简简单单过一生。"所谓的"简单"就是尽量明确自己的目标。每个人一开始都可能确定不了自己的目标和方向，在经过一段时间的摸索之后，他也会确定一个自己发展的目标，并为之付出不懈的努力。

第34课

隧道视野效应：视野不宽，道路难行

何谓隧道视野效应？它是指一个人若身处隧道，那么他看到的就只是前后非常狭窄的通道，唯有走出隧道，才能看到更宽阔的天地。隧道视野效应给人们的启示是：站得高才能看得远，瞄得准才能走得稳。一件事情，重要的不是现在怎样，而是将来会怎样。想要看到事物的将来，就必须有高远的眼光。看清楚它的将来，并坚定不移地去做，事业就已成功了一半。明智的人总会在放弃微小利益的同时，获得更大的利益。

目光放远，才能看到更好的自己

有过驾驶经历的司机都知道，在隧道内驾车时，他能看到的只有前后和两侧非常狭窄的视野。只有将车驶出隧道后，视野才会开阔起来。这种现象被人们称为隧道视野效应。就像在隧道中开车一样，一个人在看待一件事情时，不能只顾着看当下，更应该放远眼光，看到事情将来的发展，同时还要奔着"隧道出口的亮光"不停地前进。当一个人将目光放远，并朝着心中的"亮光"采取行动时，他就能看到那个更好的自己。

为什么这样说呢？试想一下，当你登上山顶看风景时，你的视野肯定会更为开阔，看到的风景也会更多；相反地，当你站在山脚下看风景时，你能看到的只不过是一些低矮的树木和花草罢了。与此同时，你在走路时，如果你的眼睛看得很仔细，走起路来自然也会更稳一些；如果你总是仰着头走路，总有一天你会被脚底下的石头绊倒。

堪称世界电影史上无与伦比的传奇电影《泰坦尼克号》，它的上映不仅打破了全球影史的票房纪录，还在第 70 届奥斯卡金像奖上获得了包括最佳影片在内的 11 个奖项，导演詹姆斯·卡梅隆也因此部影片获得了奥斯卡最佳导演奖。对于卡梅隆来说，这一成功与他的远见卓识不无关系，虽然在拍摄的过程中，他也先后遇到过各种困难，但他依然没有退缩，坚持拍完了影片。

有句话叫"识时务者为俊杰"，拥有长远眼光，认清时代潮流，才能成为更出色的人。从卡梅隆的成功，我们就能看出一个人有远见卓识的重要性。卡梅隆正是这样的人，而我们想要有所成就，或者说想要有更大的成就，就要像他一样具备长远的眼光。

现实生活中，很多人之所以会错过大好的机会，就是因为他们的眼光放得不够长远。然而，怎样才能让自己的眼光长远呢？有了长远的眼光又需要哪些思维，才能让自己获取更大的成就呢？

1. 敏锐的洞察力

拥有敏锐的洞察力，也就是拥有一种能够快速、准确抓住问题要害的能力。是否具备洞察力，与能否在关键时刻抓住机会、做出决策有着很大的影响。如果一个人的洞察力强，就能够提前意识到别人还未曾意识到的问题，从而认识和分析不同事物之间的联系。由此可见，想要锻炼出透过现象看本质的洞察力，就要在平时多注意观察和分析。

2. 快速的决断能力

拥有快速的决断能力，也就是无论遇到任何事情，都能够迅速做出判断并形成方案的能力。能否在关键时刻做出判断，是能否赢得仅有机会的关键。在机会面前，总是不缺竞争对手。哪怕你的判断和选择只是慢了一小拍，可能就会被竞争对手占了先机。所以，平时要多培养自己做事果断、坚毅的习惯，逐渐培养出当机立断的魄力。

3. 灵活的应变能力

拥有灵活的应变能力，也就是拥有善于随机处理突发事件的能力。计划永远没有变化快，虽然事先经过了缜密的规划，但还是难以避免出现突发状况，这就要求我们在前进的路上懂得审时度势、灵活处理这些突发状况，并迅速做出合理的方案。

任何企业的成功与失败，都不是一朝一夕造成的，而是逐渐积累的结果。在竞争日趋激烈的今天，管理者在为企业制定更高的目标时，就要大胆地跳出自己所处的那个狭小的环境，把眼光放得更长远一些，才能看到更好的明天，企业才能在市场中立于不败之地。

拆掉思维里的那堵墙

如果有一天你身处隧道之中，你的双眼能看到的只有十分狭窄的视野。所以，想要拥有远见，就必须拓宽心路，开阔自己的视野。换言之，如果你处在隧道之中，对你来说最明智的选择就是：朝着出口往外走。当你走出那条隧道时，才能拥有宽阔的视野，看到四方的美景。

我们先来设想一下：如果你手上正举着一个水杯，那下一步最好的选择是什么呢？你可能会说我会去倒杯水、倒杯茶，或者把杯子洗干净放起来。其实，这个问题的最佳答案应该是：当然是去做自己想做的事情啊，你想做什么和你手里的水杯有什么关系呢？

不难看出，其实每个人的心里都有一个这样的水杯。我们之所以紧紧地举着这个水杯，就是因为害怕失去它。殊不知，这样反而会限制我们的眼界，并阻碍我们看到真正有价值的事情。于是，这个水杯在无形之中成了我们思维里的那堵墙。此时此刻，我们需要做的就是拆掉思维里的那堵墙。

有人曾说："房子让我有归属感。"他们宁可浪费创业的大好机会，花掉自己未来 10 年转换工作的机会，也要买一套真正属于自己的房子。对于他们而言，最缺乏的就是"安全感"。他们认为，只要有了一个栖息之地，心里就会觉得很踏实。可是，在这个房价居高不下的时代，舍弃梦想换回来的房子真的值得吗？

一个人的眼界，往往影响着一个人看待事物的眼光和判断能力。由于眼界大小不同，眼中看到的风景便会截然不同。所以，只有拓展自己的思维，以淡定从容的心态去面对生活，你才会发现，房子并不一定会给你带来真正的归属感。只有你的眼界拓宽了，拼出自己的精彩人生，你才会有一种归属感和成就感。

在一部电影中有这样一段话："如果你有梦想的话，就要去捍卫它。如果你想要些什么，就得去努力争取。"这段话让人们真正地理解了"成功"二字的含义。成功，并没有想象中那么难，只是在我们每个人的内心深处，总有一些根深蒂固的思维模式，对于家庭的幸福、事业的成功，我们总是纠结于世人的各种看法……

然而，正是这些固定的思维方式，让我们在无形之中被驾驭、被操控，不仅束缚了我们正常的思想和行为，也剥夺了我们对工作和生活的无限热情。反观当下，越来越多的人过于看重金钱、权利和地位，甚至用它们来衡量人生的价值，认为每个人生存的意义都是通过金钱、权利和地位这几个标尺来衡量的。于是，人们开始追名逐利，失去了真正的自我。在这种状态下，只要你肯拆掉思维里的那堵墙，建立自己的思维模式，就一定会成为你想成为的那个人。

对于那些优秀者来说，他们之所以优秀，就是因为他们已经习惯了优秀，这就是他的思维模式。无论在哪个方面，他们都要做到最好。毫无疑问，只要我们拆掉思维里固有的模式，也就是拆掉那堵墙，我们也可以变得更优秀；只要我们丢掉所有的顾虑，去做自己真正想做的事，我们就可以变成自己想成为的那个样子。

虽然拆墙重要，但是建墙更为重要。无论是在工作还是生活中，只要你换个角度去思考、去行动，试着拆掉思维那堵墙，你就会发现，原来我们的生活可以是别的样子，原来成功的模式是用来学习与借鉴……只要你继续前行，拆掉思维里的那些墙，你就一定会看到墙外那个更繁华、更精彩的世界。

第十三章 目标

第35课

巴菲特定律：另辟新路，去竞争少的地方

巴菲特定律是由美国"股神"巴菲特提出的。它是说在其他人都投了资的地方去投资，你是不会发财的。对于企业而言，投资项目的选择一定要慎重，不仅要事先准确地判断该项目的投资价值，而且要到竞争对手少的地方去投资，不要盲目关注一哄而上的投资行业与项目。巴菲特定律告诉人们：善于走自己的路，才可能走别人没走过的路，才有望在激烈的市场竞争中取胜。

别在竞争激烈的领域硬拼

有人曾算过这样一道题目：在 1956 年，如果你的祖父母给你 1 万美元，并要求你和巴菲特共同投资，如果你非常走运或者说很有远见，你的资金就会获得 2.7 万多倍的惊人回报，而同期的道琼斯工业股票平均价格指数仅仅上升了大约 11 倍。之所以能够取得如此辉煌的成就，是因为他或明或暗地遵从了巴菲特定律的结果。

无论是投资者还是经营企业，管理者都要善于找到自己的财富增长点，一味地"随大溜"、一窝蜂是赚不到钱的。一个成功的管理者，是因为他们正确地把握了这种投资理念——到竞争对手少的地方去投资。因为只有投资别人没有意识到的领域，你才有赚钱的机会。的确如此，一味地跟风是很难吃到肉的。如果做得好，很有可能会有一口肉汤喝；如果做得不好，还可能会烫到自己。

在商场上，有这样一种说法：同样的一桩生意，第一个做的是天才，第二个做的是庸才，第三个做的是蠢才，第四个做的就要破产了。由此可见，那些跟随者只有一个下场：悲哀。在互联网领域，也有这样一段话：行业老大和老二斗起来，最终的结果是：老三死了。实际上，不只是老三，就连老四、老五、老六……都不好过。比如共享单车就是一个很好的例证，它原本是一个热门的领域，拥有着十分广阔的市场需求。后来，当更多的投资人一股脑地冲进来时，才出现后进入者死的死、伤的伤的惨烈结果。

不仅仅是企业，对于个人来说，巴菲特定律的意义也在于自我认知与选择。所谓自我认知，就是充分认识自己的优势、劣势，做出准确的判断。以选择职业为例，金融、互联网这些都是热门领域。然而，在这个竞争激烈的年代，一线城市可谓是人才济济，如果你选择了这些行业，等毕业后想在这些地方生存下来，也绝对不是易事。所以在选择之前，要对自己做一个准确的评估。

1. 确定自己的目标

也就是说，你要知道自己想要什么。"小富即安"是很多人的观念和态度。只要做出不懈的努力，同样可以实现自己的目标。

2. 确定自己的兴趣

众所周知，如果你选择了一份自己毫无兴趣的工作，那么你的工作就会变成一种折磨。即使管理者给你开了很高的薪水，你也无法真正感受到快乐。这时候，就需要你自己做出权衡：是钱让你快乐，还是工作让你快乐？

3. 做出谨慎的选择

在企业的竞争中，要懂得避开对手擅长的领域，避实击虚，扬长避短，谨慎地作出选择，才能立于不败之地。《孙子·虚实》中说："水之行，避高而趋下；兵之形，避实而击虚。"这不仅是兵家之道，也是竞争要诀。比如在电商方面，不管是亚马逊、沃尔玛，还是 Wayfair 等平台，都会或多或少地面临一些大卖家的霸屏，以及在黑科技上的攻击。面对这些，他们要做的并不是与这些大卖家硬碰硬：首先，在选品上，要尽量避开这些大卖家的类目；其次，在运营模式上，不要去跟他们比拼成本和资源。毕竟大卖家有大卖家的优势，小卖家也有小卖家的可取之处。

在遇到那些强大的对手时，千万不要跟他们硬碰硬。如果一味地硬拼，可能对方受的是伤，那你丢的就是命。这时候，如果你足够明智，就不妨选择一些竞争相对轻松的领域，或者是一些冷门领域，这样往往更容易获得成功。

如果旧路不通，就开辟新道路

多年来，巴菲特一直从事投资工作，并凭借着自己的智慧，登上过世界首富的宝座。他总结了自己多年来的投资经验，提出了巴菲特定律，提醒人们不要刻意去效仿他人，走别人走过的路。相反地，要勇于创新，开辟自己的新道路，这也是他多年以来投资生涯的经验和结晶。

在现代市场中，存在着两类企业：一种是有自己的特色，并找到自己独特发展道路的企业；第二种是没有自己的特色，人云亦云，只知道跟风投机的企业。当然，在经济平稳的时期，这两种企业都有可能生存并发展下去。但是，当发生经济危机时，第二种企业往往是最先倒下。所以，对于管理者来说，想要让企业获得长久的发展，就一定要找到适合自己的发展道路。

1. 分析企业的自身条件

作为一名管理者，首先要对企业自身进行全面的分析，找到自己的优势和劣势所在；其次要认清企业的发展现状，并及时发现潜在的危机。只有先了解自己，才能够为正确决策打下坚实的基础。

2. 看清市场的大好形势

在当前大市场的大环境下，企业会受到各种外部因素的影响。如果想要看清楚自己的发展道路，就必须要对大环境有一个清晰深刻的认识。国家有什么样的经济政策，行业有什么样的发展趋势，市场是过热还是过冷……这些都需要管理者去认真调查，进而做出正确的分析。

3. 认清并找准自己的定位

对于企业而言，必须要根据实际情况找到自己的定位。既要做到扬长避短，又要做到符合市场的发展趋势。企业只有找准自己的定位，才知道自己需要走什么样的发展道路。

4. 保持冷静，绝不盲目跟风

成功的管理者善于走自己的路，而不是跟随在别人后面。因为盲目地跟风会导致投资过热，或许抢占先机者才有可能大赚一笔，而后面的那些跟进者就没有那么幸运了，他们只能把自己陷入困境。因此，管理者一定要保持清醒的头脑，才能做出正确的判断。

当然，这不仅仅适用于管理者，也适用于职业经理人。如果你是一名投资人，对于投资项目的选择一定要慎重，不仅要事先准确地判断该项目的投资价值，还要到竞争对手少的地方去投资，不要盲目关注一哄而上的投资项目。因为面对日益庞大的市场，每个小投资人都会感觉到一种无助，如同一叶孤舟在大海中航行。由此产生的紧张感，很容易让你丧失自我判断的能力。

在经济市场中，商机总是转瞬即逝，善于创新的企业总会占尽先机，最终获得的是金子；而有的企业只会一味地模仿，最终收获的很有可能就是一粒普普通通的大蒜。创新是对未知事物的尝试，没有任何风险的创新算不上是创新。

因此，我们不能被别人牵着鼻子走。如果此路不通，就试着开辟新的道路。学会创新，是一个企业的生存之道。开辟自己的新道路，企业才有望在竞争激烈的市场中胜出。

第36课

古特雷定理：每一处出口都是另一处的入口

> 古特雷定理是由美国管理学家 W. 古特雷提出的。它是指每一处出口都是另一处的入口。也就是说，上一个目标是下一个目标的基础，下一个目标是上一个目标的延续。实现大目标，先从小目标开始。只要有计划地一个目标一个目标地不断奋进，就没有攀不上的高峰。这一定理虽然简单，却能够给管理者带来无限启示，它要求管理者不断发现和思考，引领企业永不停步，不断向前发展。

大目标，先从小目标开始

古特雷认为，每一处出口都是另一处的入口，他的这句格言被经济界称为古特雷定理。其实，每个人的目标与理想并没有想象中那么的遥不可及、高不可攀，只要我们搞清楚自己想过什么样的人生，然后把这个终极目标拆分成一个个小目标，再一步步去实现。我们曾经认为永远无法完成的目标，或许在不知不觉中实现了。

心理学研究表明，目标作为一种强烈的诱因，对人具有强大的激励作用。目标设置理论认为，人们通过目标设置可以更有效地激活内在动机，改变自己的行为，并达到期望的效果。如果将目标一一拆分开来，就可以让自己每时每刻都能看到希望的曙光，心中始终饱含着对成功的渴望。如果每一个阶段目标都有了实现的可能性，那么成功距离我们也就不再那么遥不可及了。

福海福樱石新材料公司董事长罗忠福就是靠着分解大目标，一步步达成小目标而实现梦想的。当年罗忠福到珠海投资房地产，与深圳、四川和贵州的三家大公司合作开发，为了表示自己的诚意，罗忠福首先交了定金，四家公司共同投资。但没过多久深圳和四川两家公司就先后终止了合作，贵州的民建房产公司仅仅注入了 100 万元的资金后，就消失得无影无踪，第一次合作就这样死在摇篮里面了。面对自己的计划泡汤了，罗忠福没有放弃，他认为拱北海关附近的那块地皮是开发房产最理想的地皮，一旦珠海发展起来，这个位置就是全珠海最好的一个地段。他倾囊而出，以 178 万元的价格买下了这块土地，但之前合伙的贵州民建房产开发公司来索要注入的 100 万元资金，丝毫不给罗忠福缓冲的机会。接着又遇上了"治理整顿，缩紧银根"的政策，罗忠福的酒楼被迫停下来。罗忠福不甘心被打败，他每一天给自己确立一个目标去完成，用自己的所有收入继续购买珠海白藤湖西区 750 亩土地，果然，没过几年，这些土地就升值到了几亿元。当国家的政策有了新的变化时，罗忠福的酒楼终于得以施工。他将自己原计划 17 层的酒楼加盖到 21 层，而且还在酒楼顶上建了一座高达 18 米的巨型报时大钟楼。当十几年过去以后，罗忠福的这座酒楼已经成为了珠海市的象征。一旦心里有一个大的目标，那么你只需要低下头来，一步步地实现它就可以了。你要知道上一个目标是下一个目标的前提，下一个目标将升华成上一个目标的结果，当你实现了这一个个的小目标，你的大目标的实现将会是水到渠成的事情。

如果你只想一口吃成个胖子，现实会告诉你：你就是痴心妄想；如果你认为理想只有在梦中才能实现，现实会无情地反驳你：只要你一步步地接近目标，最终就会看到理想就在眼前。今日的伟人，都是昨天不停攀登的普通人；今日的跨国大企业，或许在昨天只是一个小小企业。他们之所以能够取得如此成就，是因为他们在完成一个小目标后，不是选择享受，而是把这个目标当作下一个目标的基础。

对于人们来说，设定一个正确的目标不容易，实现目标更非易事。在实现目标的过程中，要学会把一个大目标分解为若干个小目标，并落实到每天的工作中，分阶段来实现大目标，这不失为一种大智慧。当你到达目力所及的地方时，你会发现，你真的还能看得更远……

不敢攀登，你就不能到达顶点

人生如漫漫长路，需要人们一步一个脚印地往前走，才能找到出口；人生如巍峨的高山，你不努力攀登，选择半途而废，怎能看到顶峰的风景呢？古特雷认为，只要不放弃希望，按照既定的计划往前攀登，就没有攀不上去的高峰。

虽然追逐梦想的道路不平坦，但只要你不畏艰难、坚持不懈地沿着陡峭的山路往上攀登，就一定可以到达山峰的顶点。世上无难事，只要肯登攀。每个人的潜力都是无限的，只要你一步步努力去做了，就一定会完成。很多人之所以在人生的路上摔跤，就是因为他们容易因为一点儿小成绩而得意扬扬。其实，他们所不知道的是，人生就是一种"没有最好只有更好"的状态。

"没有最好只有更好"，不仅仅是一句广告词，是一个哲理，还是一个口号。它可以不断地激励人们不停地奋进。比如《杜拉拉升职记》中的杜拉拉，她就是这样一个人，在工作中从来没有停止过挑战更高的职位，也从不满足于目前的状况，一直在尽力提高自己的能力，不断地攀升，不断地登高。

曾经有一位 63 岁的老太太，她从纽约市步行到了佛罗里达州的迈阿密市。经过长途跋涉，克服重重困难，她终于到达了迈阿密市。在那里，有位记者问她在步行的路途中，有没有被艰难吓倒过，又问她是如何鼓起勇气徒步旅行的。老太太回答："走一步路是不需要勇气的。我所做的就是这样。我先走了一步，接着再走一步，然后再一步，我就到了这里。"

由此可见，台阶需要一步一步去登，山峰需要一级一级去攀。要想实现大目标，不妨先设定一个小目标，这样会比较容易达到目的；要想攀到山峰的顶点处，就要敢于攀登绝顶。事例中的老太太，她的目标十分简单，就想通过步行抵达迈阿密市。在路途中，她并没有太多的顾虑和想法，只是一步一步往前行，最终完成了心中的那个目标。

一个怀抱鲜明目标的人从来都不会叫苦，总是喜欢默默地耕耘。因为他们明白，实现目标就好像攀登阶梯一般，循序渐进为宜。尽管前途险阻重重，也要进行自我勉励。或许，当时认为不可能做到的事情，可能几年之后轻易就做到了。虽说某种偶然的确能开创个人的命运，但是对于有目标取向的人而言，与其相信偶然，不如掌握必然。

百万富翁想当千万富翁，千万富翁想当亿万富翁，亿万富翁想角逐《财富》排行榜。每个人的大目标都是在不断地变化着的，这就如同珠穆朗玛峰至今仍在不断地升高一样。人生的真正意义在于不断地进取和攀登，将过去的辉煌看作历史。只有不断地站在新的起点上，敢于攀登新的高峰，你才能实现人生的更高价值。

第十四章 计划

第37课

列文定理：避免乱忙，才能提高效率

> 列文定理是由法国管理学家P.列文提出的。它说的是那些犹豫不决且迟迟不能作出计划的人，他们通常是因为对自己的能力没有把握。同时也告诉人们，如果没有能力去统筹和把握，就只有时间去后悔了。抓住机遇，拥有自信，勇于承担，是每个人所拥有的财富；把犹豫不决推到一边，果断抉择，是每个人应该拥有的品质。一个正确的决策再加上强有力的管理，会使一个企业从小到大，由弱变强，在诸多的竞争者中脱颖而出。

事前多计划，事中少折腾

美国心理学家曾做过这样一个实验：他组织了3组学生，并分别让他们进行不同方式的投篮技巧训练。第1组：在20天内每天练习实际投篮，并把第一天和最后一天的成绩记录下来。第2组：将第一天和最后一天的成绩记录下来，但在此期间不做任何训练。第 3 组：将第一天的成绩记录下来，然后每天花 20 分钟做想象中的投篮，如果投篮不中时，他们便在教练的指导下在想象中做出相应的纠正。

实验结果表明：第 2 组的投篮技巧在 20 天里没有丝毫的长进；第 1 组的进球率上升了 24%；第 3 组的进球率上升了 26%。心理学家由此得出一个结论：在行动之前，如果先进行一次头脑热身，并在做事之前在脑海中构思一下每个细节，进而梳理心路，最后把它深深地铭刻在脑海中，等一切准备妥当之后，你肯定会得心应手。不难看出，这个实验讲的就是计划的重要性。

试想一下，如果一个人做事没有任何计划，行动起来就会像一只迷途的羔羊，只会到处乱撞，以致伤痕累累。如果一个人在做事之前先拟定好一个行动的计划，安排好做事的先后顺序，做起事来就会迅速高效。所以，想要完成一项工作任务，计划具有重要的意义。一个好的工作计划，不仅能够节约精力和成本，还可以提高效率。

俗话说得好："不打无准备之仗。"无论你是一名管理者还是员工，都要提前做好准备，这样才有可能达到期望的目标。如果总想着"临场发挥""临阵磨枪"，很有可能会发生现场"抓瞎"的局面。在工作中，为了避免做事无效率，我们应该培养一个有条不紊的好习惯。那么，如何才能在繁忙的工作中养成有条不紊的好习惯呢？

1. 确定优先性

做任何事之前，先要定好当天要做的最重要的事情，然后再着手去做。不要因为在这一天里发生了其他的事情，从而分散自己的精力或转移方向。更重要的是，不要用别人确定的优先性来替代自己的。

2. 克服拖延症

大多数人都会有拖延症，因为他们的目标不确定或者因为他们不知道该如何去做。所以，他们就会拖延做某件事。殊不知，一再地拖延，只会延误并扰乱每天的计划，从而不可避免地在下游形成更大的延误。因此，当新的一天到来时，先去解决那些最困难的事情，把容易的事情留在最后才是一种明智的选择。

3. 做今天能做的每件事

今日事，今日毕。如果今天按时完成了某件小事，就不会发展成为明天必须进行修缮的工程。然而，这并不意味着在深思熟虑前，不能推迟某件不急需做的项目，对于那些放到以后进行的活动要做一番记录。

正如高尔基所说："不知道明天做什么的人是可悲的。"所以，对于自己的生活、工作都应该提前设定一套切实可行的计划，要有每天的计划、每月的计划、每年的计划等。不管做什么事，事先要做好计划和准备，按照优先次序安排工作、分配时间，才能避免工作中的忙乱现象，进一步提高工作效率。只要不辜负当下的每一天，你的人生才不虚度，你的人生才会更加精彩。

没有自信，就做不出好决策

列文定理认为，有自信的人，会更容易做出决断。在工作中，决策者们总是希望可以制订一个完美的计划。然而，他们在精打细算的过程中却忽略了成功的前提——果断决策。作为一名管理者，一定要掌握整个环境大趋势的发展，还要拥有自信心。

对于一个企业家来说，自信心无疑是必不可少的。作为一个优秀的管理者，一个统帅级人物，如果连你都不相信自己，那么，即使你有再强的能力，也不可能建造起事业的大厦。因为自信心会形成一种磁场，市场缺乏的不是财富，而是自信心。哪里有强烈的信心，哪里就会拥有财富。一个自信的管理者，可以让整个企业、让所有员工都自信起来。

日本直销天王中岛薰曾说："我向来认为自己最大的敌人就是满足。成功永远只是起点而不是终点。"越是成功的人，自信心就越强。因为成功之人已经把成功看成了一种思维习惯。信心代表一个管理者在事业中的精神状态以及对自己能力的正确认知。成功的管理者不仅自己是一个信心十足的人，还是一个善于激发团队自信心的人。

作为一名管理者，如果没有坚强的意志，远大的目标就会付之东流，已建立起来的信心也会在顷刻被推翻。优秀的领导者一定是自信的领导者。领导者的责任就是要让员工知道：只要每个人把自己的潜能发挥到极致，就会创造出无数的意想不到，就会使企业员工产生强烈的自信心。那么，管理者应该如何树立自信心呢？

1. 正确对待失败，扬长避短

每个人都会遭遇挫折乃至失败，这是正常的现象。对此，既要认真总结经验教训，又要保持平常心，不被一时的"失败"所击倒。每个人都有各自的优点和弱势，要全面正确地评价自己。既不对自己的长处沾沾自喜，也不要盯住自己的短处而顾影自怜，而要善于发现和挖掘自己的优势。

2. 宣传自我，广交朋友

良好的仪表会给自己带来良好的心情，你的好心情也会感染到别人，使别人快乐。朋友的关心会让你感觉温暖，朋友的夸赞会让你信心大增。有了朋友，就好比有了一面镜子。朋友间的交流会在不经意间给你生活的灵感。拥有一个自信十足的朋友，也会把你带到自信的氛围中。

一个成功的管理者，自信心是其工作的催化剂。没有自信，就不可能做出好的决策。任何员工都不会跟随一个连自信都没有的管理者，他们只会相信拥有自信的管理者。作为管理者，只有充满必胜的信心，对自己所从事的事业确信无疑，他才能产生克服万难的力量，想出解决问题的方法，赢得他人的支持，最终才能达到为之奋斗的终点。

第38课

弗洛斯特法则：明确了界限就不会越界

弗洛斯特法则是由美国思想家 W.P.弗洛斯特提出的。它是说要筑一堵墙，就要明晰筑墙的范围，把那些真正属于自己的东西圈进来，把那些不属于自己的东西圈出去。相应地，在做事的时候，一开始就明确了界限，就不会做出超越界限的事情。也就是说，做任何事情之前，都要有一个清晰的界定：什么能做，什么不能做；接受什么，拒绝什么；适合做什么，不适合做什么……做人如此，做企业也是如此。

自己能做什么，不能做什么

美国思想家 W.P.弗罗斯特说过一句名言："在筑墙之前应该知道把什么圈出去，把什么圈进来。"对于管理者而言，该法则可以理解为只有定位准确，才能赢得市场。也就是说，管理者要明白：该干什么，不该干什么；能做什么，不能做什么，心中一定要有数。

日本松下电器曾经准备进军大型电脑领域，并且已经投入了巨额资金研制出了一大批样机。然而，在后期的调研过程中，松下公司发现包括松下在内已经有近 7 家公司在从事大型电脑的科研开发工作。可以说，这一领域的竞争在当时十分激烈。对此，公司高层对于大型电脑的未来很不看好。经过再三权衡之后，他们最终决定退出大型电脑领域，将重点放在家用、小型电脑上。事实证明，松下电器的这一决定是明智的。

当今社会，消费者的需求呈现多元化。个性化的需求在不断地增多，于是，许多企业开始采用产品差异化的策略，以此来抓住自己的目标消费者。产品差异化是指企业以某种方式改变那些基本相同的产品，以使消费者相信这些产品存在差异而产生不同的偏好。这种差异化是企业所独有的，对于企业的经营管理具有重要意义。想要做到这一点，企业可以从以下几个方面入手：

1. 产品差异化

在产品同质化的今天，如果一个企业生产的产品能够在质量、性能方面明显优于同类产品，那么它就能形成一个独立的市场。以我国冰箱企业为例，新飞以省电节能作为自己产品的特色，海尔则生产出了小巧玲珑的小王子冰箱，用以节省室内空间。正是因为它们形成了鲜明的差异，才有效地吸引了不同的顾客群。

2. 促销策略差异

其实，大多数企业都重视产品的宣传。对于那些购买次数不多的商品，许多消费者并不了解其性能、质量和款式。所以，企业可以通过广告、销售宣传的方式向消费者传播自己的产品差异。通过这种宣传，消费者就会形成对产品的一些印象，从而重新做出选择。

3. 服务差别化

在产品同质化较为严重的行业中，竞争成功的关键取决于服务的数量和质量。人们可以通过送货、安装、顾客培训、咨询服务、修理服务等方式，去评价一个企业的服务水平。只有真正地把服务做到家，让消费者产生信任，这才是企业的制胜之道。

对于企业来说，如果想在市场上立于不败之地，就要有一个明确的定位，知道能做什么，不能做什么，自己有什么样的优势，心里必须要有数。然而，有的企业却完全不考虑自己的实际情况，什么都想做，盲目扩大自己的经营界限，还美其名曰规模经济、赢家通吃，到最后只能导致惨败。所以，每个企业都不能一味地做大做强，必须做自己擅长做的事，成功的可能性才会更大。

每次只做一件事

对于管理者来说，要想使用好弗洛斯特法则，就要在创业伊始明确自己的目标，找到属于自己的市场定位，进一步确定经营界限。不仅如此，管理者还需要做到：要事第一，优先排序，每次只做一件事。

弗纳斯姜汁酒，是一种软饮料，源自美国底特律。仅就美国的软饮料市场而言，弗纳斯姜汁酒几乎没有强势的市场地位。然而，弗纳斯姜汁酒却凭借一个小小的市场界定，成就了自己。很多人都以为，这样一种被摆放在货架最底层的软饮料，肯定难以存活下去。然而出乎意料的是，弗纳斯却顽强地存活下来了，而且越来越繁荣，越来越兴旺，这是为什么呢？

大多数企业或是通过扩大企业规模，或是通过延长企业战线来应对竞争，以求得生存。弗纳斯却不一样，他选择了不同的道路：在市场中"见缝插针"，做自己最擅长做的买卖。不仅清晰地界定了自己的经营范围，找到了自己的忠实客户群，并且集中力量满足他们的特殊需要。由此看来，企业需要的是一种专心，做自己擅长的事情，而且每次只做一件事。弗纳斯姜汁酒正是因为明白自己的优势，并为自己制定了一个明确的目标，才使得它在竞争激烈的美国饮料市场中站稳了脚跟。

黑格尔曾说："一个志在有大成就者，他必须如歌德所说，知道限制自己。反之，那些什么事都想做的人，其实什么事都不能做，而终归于失败。"其实，做事成功有一把神奇的钥匙，那就是专心。大多数人即使专心致志地做一件事，也难以做得很好，更不用说那些一心二用做事的人了。

当我们在大街上看见一个人用双手同时抛几个球时，人们就会把他当作特技表演，其实这是有一些道理的。即使是杂耍演员，也只能坚持十多分钟。如果时间长一点，球就很容易掉到地上。那些"做这么多事"，而且是这么多难事的人，他们成功的秘诀就在于每次只做一件事。结果显示，他需要的时间反而比其他人少得多。那些连一件事都没做好的人，反而费力更多，其原因就在于：

首先，他们低估了任何一项任务所需要的时间。在他们的内心中，总是设想诸事顺利，但在现实中，事情总是不会一帆风顺，而是意外频发。他们所不知道的是，意外才是我们唯一有把握必然发生的事，而且这些意外几乎从来不会是惊喜。管理者要想尽快取得成功，就要在时间方面留出一点儿余地。

其次，有一些管理者总想着快马加鞭，实际上往往是欲速则不达。优秀的管理者不会全速赶路，而是不紧不慢，持续前行。他们明白，自己要做的事很多，而且必须做得有效。因此，他们会把所有的时间和精力聚焦起来，每次只做一件事。他们相信，只要把这件事做好，就会使自己有成就感，然后信心百倍地去做下一件事。

无论是对人还是对事，都需要集中精力去做。这就好像凸透镜一样，只有将太阳光聚焦到一个点，才能将物体燃烧。人不能在同一时间内既抬头望天，又俯首看地，更不能左手画方，右手画圆。不能专心，便一事无成。作为一名管理者，更要专心致志做一件事，才能把你从渺小的凡人造就成一个伟大的人物。

第十五章 参谋

第39课
波克定理：只有争辩才能诞生好主意

波克定理是由美国庄臣公司总经理詹姆士·波克提出的。它是说只有在争辩中，才可能诞生出最好的主意和最好的决定。不要惧怕摩擦和争论，没有摩擦就谈不上磨合，没有争辩就不可能产生高论。在思维的不断碰撞中，人们才会真正得到进步。波克定理强调了个人观点对整体决策的重要性，不仅可以鼓励管理者听取员工的声音，鼓励员工积极参与团队决策，还强调群策群力才是企业成功的基础。

决策管理是事业的基础

美国庄臣公司迄今已有 120 多年的历史，它的产品销往世界各国，在国际上享有盛誉。如此历史悠久且强大的国际性企业集团，自然是有着一套独特且合理的管理方法。在一次采访中，总经理詹姆士·波克总结性地道出了他的管理之道：决策管理是事业的基础。不管是老板、管理者，还是员工，都要多提一些决策并付诸行动。后来，人们将之称为波克定理，成为管理学中的一条重要法则。

何谓决策？只明确做还是不做，叫作决；明确用什么方法和工具去做，叫作策。决策就是企业做任何事情的第一步，即先要决定做什么，然后再决定怎样做的问题。通俗点来讲，决策就是作出决定或选择，是为了实现特定的目标，根据客观的可能性，在占有一定信息和经验的基础上，借助一定的工具、技巧和方法，对影响目标实现的诸多因素进行分析、计算和判断、选优，并对未来的行动作出决定。

此外，管理者在制定决策时还要善于倾听员工的意见和建议。因为凡是经过讨论而得出来的决策与方案，大多数情况下都会避免那些意想不到的缺点和不足。从这个层面上来看，争辩决策具有一定的正面意义。

第一，多听取员工的意见。管理者一个人的力量是极其有限的，而员工的力量却是无限的。作为管理层的领导，不能一味地关着门、埋着头，独自在办公室里冥思苦想，而应当多听取员工的意见。在工作中，管理者要不断地鼓励员工发表自己的意见和观点，要倾听来自员工的各种声音。只有这样，管理者才能掌握更全面的信息，进而做出正确的决策。

第二，鼓励员工进行辩论。要知道，真理往往是在辩论中产生的，正确的决策也是在辩论中显现的。所以，对于企业的决策，管理者要鼓励员工进行讨论，分析决策的利与弊。在综合大家意见的基础上做出的决策，将会更加有利于企业的发展。

第三，争辩能够提升员工的积极性。如果管理者在制定决策时能够听进去员工的意见，很大程度上会提升员工的工作积极性，会让员工觉得自己也能对企业的发展产生积极的影响，做出应有的贡献。辩论不仅能够加强员工对企业现状和未来发展的认识，从而有利于企业的发展，还可以增强员工对管理者的信任度，从而建立良好的上下级关系。

在企业发展中，大部分的决策都是在会议中形成的，有效的决策并不取决于观点的一致，而是经过不同观点的冲突、协商后，最后得到可供实施的方案。此外，经过争辩后做出的决策，若是不积极采取行动，那么任何决策都是没有意义的。管理者不仅是个决策者，还是个不折不扣的行动者。决策与想法不在于多么英明，而在于能否实行。

无摩擦便无磨合

詹姆士·波克认为，如果员工之间没有意见上的摩擦，便没有相互之间的磨合；没有相互之间的争辩，便产生不了独到的见解。只有在争辩的过程中，才能找到解决问题的方法，只有相互间的争辩，才能得出应对的高论。

一个成立只有一年多的新团队，里面有三个管理者。这三个管理者平日里忙于各自的工作，彼此间的沟通几乎很少。其中，有一个成员与另一个成员还发生了一些小摩擦。自此以后，这两个成员之间的沟通交流就更少了，有什么意见和建议都是通过第三个成员来回传达的。第三个成员又是一个爱和稀泥的角色，两边都在打圆场。就这样，三个人终止了合作，折损了大量的资金不说，还浪费了一年多的时间和精力。

上例中的三个管理者就是因为缺乏沟通，没有采取最佳的解决方法，最后才终止了合作。其实，有很多的团队，无论大小，都在强调"无障碍沟通"。何谓"无障碍沟通"？就是指团队成员尤其是团队管理者之间没有分歧，即使有分歧也能很快达成共识。

然而，想要达到这种效果，在前期就少不了大量的沟通交流，而沟通交流就难免出现一些争吵。正是这样一个过程，才让彼此有了一定的了解，才真正实现了无障碍沟通。很多团队之所以热衷于开会，其原因就在于此。开会辩论，是集结团队成员智慧的最佳方法，也是找到最符合实际问题解决方案的最佳途径。

俄罗斯生理学家巴甫洛夫曾说："争论是思想的最好触媒。"只有通过争辩，才可以明事理，现真相，进而得出真理。比如，南山集团之所以能够成功，就是因为它们有两大法宝：一是批评，二是争论，告诉人们只有通过不同意见之间的碰撞和磨合，才能更好地改进方案。因此，在团队需要做出决策时，就要让成员来一场实实在在的争辩。但是，想要真正通过争辩实现无障碍沟通，需要注意以下几个方面。

1. 仔细思量反面意见

面对领导层和群体的压力，团队成员敢于反驳、辩论，这是最难能可贵的。不管是团队的例会，还是私底下的沟通交流，都要给成员营造一种轻松的氛围。如此一来，不仅会让成员没有任何顾虑地发泄牢骚与不满，领导者还可从不同的观点、见解和判断中得出最终决策的依据。

2. 要争辩并不是吵架

如果一味地与人争辩，最后就很容易变成吵架。争辩往往是对事不对人的，主要是以解决问题为目的，而不是怂恿别人去吵架。因此，在争辩的过程中，我们一定要把握好争辩的角度、语气，秉持公正客观的态度，想方设法地找到问题的症结，并探讨解决问题的各种办法。

无争辩就无摩擦，无摩擦便无磨合，无磨合就不能轻易获得成功。只有通过争辩，才可以让团队成员全面地了解领导者的意图，从而形成一种团体意识，为决策后期的执行打下良好的基础。

所以，领导者在做出任何决策之前，都要在成员内部进行一次充分的讨论和辩论，这是非常有必要的。通过争辩可以及时了解员工的想法，纠正员工的错误思想。能在争辩中发现问题，就能在争论中解决问题，从而不断地提高企业团队的合力。

第40课
韦奇定理：别让闲话动摇了你的意志

韦奇定理是由美国洛杉矶加州大学经济学家伊渥·韦奇提出的。它是说即使你已有了主见，但如果有十个朋友的看法与你相反，你就很难不动摇。韦奇定理给人们的启示是：第一，一个人一定要有主见，有独立判断问题的能力。第二，要确定你的主见是建立在对客观情况准确把握的基础上。第三，可以听取别人的意见，但不能盲目地接受。第四，持有不同的意见是好事，综合考虑之后再做出自己最后的决定。

忠于自己内心的选择

如果有一天，你在逛商场时看中了一件衣服，试穿效果也十分满意。原本想直接入手的，但是当你走出试衣间时，却有十个朋友都认为这件衣服不好看。那么，你还会忠于自己内心的选择，坚持买这件衣服吗？不怕开始众说纷纭，就怕最后莫衷一是，这就是伊渥·韦奇提出的韦奇定理。

在实际的工作中，人们对这样的状况也早已十分熟悉，甚至还有很多人有着难忘的回忆。比如，对于工作中的某个决定，本来自己是对的，但是因为有几个同事和自己的意见相反，后来自己就动摇了，跟着他们做出了同样的决定。直到后来才发现，自己原本的那个决定才是正确的。当得知正确结果后，心里肯定会悔恨交加。

在企业的发展过程中，管理者会面临各种各样的选择。在选择的过程中，为了能够做出更正确合理的选择，管理者往往需要听取别人的意见。不可否认的是，听取更多人的意见，能够让你掌握更加详细的资料和信息，也能够让你更加全面地考虑问题。然而，如果过多地听取别人的观点，往往会导致自己的思维混乱、莫衷一是，甚至难以忠于自己内心的选择。

朱元璋的儿子朱棣继位后，颁布了这样一条法令：赦免了父亲打下天下后拒不投降部下的后代，这在当时引起了一片赞誉，说他识忠奸，辨是非，并因此受到了百姓的高度评价。毫无疑问，人们在做过很多次的选择，经历过很多次的彷徨后才会发现，像朱棣那样的人，在面对选择时，只有忠于自己的内心，才会有解决问题的动力。

生存在这个世界上，想要做到忠于自己内心的选择，就必须要做到以下三点：第一，要拥有一定的经济基础。无论你是超级富豪的孩子，还是自己有存款，又或者是自己有能力赚钱。只要有经济基础，就能够将经济带来的压力降到最低。第二，要拥有拿得出手的本领。无论这个本领是别人给你的，还是你自己争取来的，金钱总归会有花完的那一天。所以，一定要有拿得出手的本领。第三，一定要拥有自信。要相信，你是这个世界上独一无二的存在。做真正的自己，是自信的体现。

如何才能够克服韦奇定律带来的消极作用呢？首先，要有自己的主见，这里的"有主见"绝对不是建立在刚愎自用基础上的盲目自信。其次，要准确地把握客观情况，用自己的观念和思维方式来形成自己的选择：什么是自己想要做的，什么是自己认为的最好的做法。

作为一名管理者，只要做到有理有据，就能够保证你做出的选择是理性的，更是明智的。这就要求管理者既要做到民主，善于听取别人的意见和建议，又要有自己的主见。更重要的是，一旦管理者做出了决定，就要坚定地忠于自己内心的选择，用真正的自我去展现不一样的魅力。

你的人生由你做主

在人们成长的道路上，总会面临诸多的选择。在做任何一个决定之前，即使心里已经有了主见，也会或多或少征求周围人的意见和建议。当别人与我们的想法一致时，内心往往就会更踏实一分；当更多的人与我们的想法相左时，就很难坚持自己的想法了。

有句话叫"三人成虎"，意思是说，第一个人对你说城里来了老虎，你肯定不信；第二个人说城里来了老虎，你依然觉得很难信；当第三个人也这么说时，恐怕你就有点信了。这难道就是"无风不起浪"吗？

更值得一提的是，每个人的一生中都需要做出各种决策，大到择业、婚恋，小到出行、购物等。因为人类本身就有一种从众、跟随的本能，每个人周围都有家人、亲戚、朋友和同事等人际交往圈。因此，在准备做出决策时，就会不可避免地受到韦奇定律的困扰。殊不知，你的人生由你来做主。你想做什么样的人，其决定权在于你。

在现实生活中，我们随时随地都会面临选择。要想做到不人云亦云、随波逐流，就必须要有自己的主见。质疑自己并不是什么坏事，而是一种自我反省。在反省的过程中，要多参考他人的意见，如此不仅可以集思广益，还有利于修正自己。比如爱因斯坦在提出相对论后，曾有100名教授联名写书质疑他的理论，但是，爱因斯坦对此一直保持置之不理的态度，继续他的研究。他曾这样说："如果我错了，那么有一个教授指责就够了。"不难看出，爱因斯坦是一个有主见的人。他认为，他的人生由他来做主，别人是无权干涉的。

正因如此，爱因斯坦才获得了众多的成就。当一个人想去哪里，就抬起脚勇往直前，想做某事就努力去实践，并不断地检视自己，时时勉励自己向前行进，这就是成功的秘诀。试想一下，那些没有主见的人，总喜欢附和其他人的意见，虽然双脚都在努力地前进，却总是被别人牵着鼻子走。这样的自己，在别人眼里不仅仅是卑微的，也是毫无地位可言的。

主见是一个人对自身力量的认识和充分估计，它是自我意识的重要组成部分。因此，我们在做人、做事方面就要有自己独特的见解，不盲目地随从别人。做人一旦没有了自己的主见，失去了自我，就容易被物欲所左右。心中有主见，这是做人的一条重要底线。然而，要想成为一个有主见的人，就要坚持自己的立场。心中有主见，才能分辨是非。因此，别人说什么并不重要，重要的是有自己的主张和思维。

现实中，你是否因为别人表露出一种不以为然的态度，就立即改变自己的立场？你是否因为别人不同意你的意见，变得消沉、忧虑？你是否处心积虑地寻求别人的赞许，未能如愿时情绪就会低落？

每个人站的角度不同，说话的方式自然有所差异。如果你想成为一名智者，就不要人云亦云，要学会为自己创造一个更好的人生。毕竟你的人生由你来做主，你的成功自然要靠你自己去争取和拼搏。

第十六章 决策

第41课
福克兰定律：不知道怎么做就别做

福克兰定律是由法国管理学家 D.L. 福克兰提出的。它是说当我们不知道如何行动时，最好的行动就是不采取任何行动。没有必要做出决定时，就有必要不做决定。无法辨别是机会还是陷阱时，最好的决策就是不做决策。对于决策者来说，正确的决策至关重要。所以，做决策时要广开言路，围绕决策内容寻找各种可能的解决方案，选择最优方案实施并随时完善，才能提高决策的精确度。

静待时机，风车从不跑去找风

福克兰认为，在不知道该如何做出行动时，就要懂得静待时机，不莽撞行动。在活跃的市场经济中，各个企业的管理者都会面临各种各样的选择和决定。然而，这种机会到底是良机还是陷阱，并没有人知道。在不确定的情况下，管理者也不知道应该保持现状还是继续进取。

在大多数时候，管理者都不得不去面对那些突如其来的状况。如果在事前没有做好充足的准备，遇事后又不能保持冷静，就很可能做出错误的决定，甚至把企业带入泥潭之中。反之，如果管理者确定好了行动目标、行动方式等，就应该立即付诸行动。因为优柔寡断可以使好事变坏，而果断却可以转危为安。

工作中，人们难免会遇到一些棘手的事情，不知道如何是好。在慌乱急躁之下，人们就会像热锅上的蚂蚁一样。在这种情况下，很多人会冲动、意气用事，做事横冲直撞，事后才发现自己错得离谱。但是，当你想要挽回时却发现已经没有机会了。因此，想要拥有成功的人生，除了自身需要具备一定的能力之外，还必须做到以下几点：

1. 懂得静待时机

人生在世，想要成就一番事业，对时机的把握非常重要。虽然机会随时随地都有，但并不是每一次机会都适合自己。因此，我们还需要学会静待时机，到真正该出手的时候再出手。这也正如斯克利维斯所说："耐心等待，风车从不跑去找风。"因此，在做任何事情之前，我们都应该审时度势，等待适合自己的最佳时机再行动。

2. 全面看待每一个机会

针对管理者来说，机会时时处处都存在，但是想要控制风险，做出最佳的选择，就要认真对待并全面地去考量每一个机会。

3. 培养沉着冷静的心态

想要将事情处理得更好，就要拥有沉着冷静的心态。然而，没有一个人能够永远保持冷静。无论你身处何处，抑或身在何位，都会出现一些不理智的行为。从心理方面来分析，沉着冷静就是一种承受能力，它终归会有一个极限去突破。因此，我们需要通过以下方式培养沉着冷静的心态。

首先，在做某件事之前，一定要对这件事进行一番认真、仔细的分析，让自己有充分的思想准备。其次，在做事情之时，要从心底里给自己一个沉着冷静的正面暗示。只要心中有正气，就会有以不变应万变的底气。

静待时机，为的是最后的"致命一击"。当你竭尽所能地抓住了最适合你的机会时，就要坚持执行并贯彻下去，直到让这一机会成为你成长的阶梯。当然，无论是社会环境还是市场环境，抑或是自己的生活娱乐等，每天都在发生着不断的变化。只要抓住最佳机会，并不断地适应变化，就可以清晰地构建出自己的成长路径图。

不做没必要的决定

福克兰定律，又被称为"行动不如不动定律"或"不作为之美学"，是一种关于行动和决策的哲学原则。这一定律强调，在没有必要做出决定时，最好的决策就是不做决定。当我们不知道接下来应该如何行动时，最明智的做法就是不采取任何行动，静静地等待时机的到来。

1973 年，金利来公司刚刚成立 3 年，一场经济危机突然席卷全球，人们的消费水平日趋低迷。当时，有很多的领带品牌都在不断地减产，领带行情瞬间跌落。许多领带生产厂家为了回转资金，甚至开始降价售卖领带。很多人猜测，金利来公司肯定也会加入其中。然而令人感到意外的是，金利来公司迟迟没有动静。正当人们躁动不安的时候，金利来公司的创始人曾宪梓正式宣布：他们不会做任何的改变。

原来在那段时间里，曾宪梓一直在静静地观察。他惊讶地发现，市场上的领带为了控制成本，相应地，质量出现缩水。经济衰退，导致经济规模缩减，大量的柜台店铺开始低价出租。这时候，金利来公司并没有和其他公司一样削减成本，收缩战线，而是趁机低价租用了柜台，同时还储备更加齐全的花色设计。等到经济回升，金利来公司便凭借危机时候的蛰伏迅速在市场占领了优势。

在严峻的经济局势下，金利来公司采取了以不变应万变的决策，不仅更好地保护了产品品牌，避免了盲目决策，也为下一步积极发展做了充分的准备，最终坐上了领带行业龙头老大的宝座。可见，管理者的责任非常重大，一方面要带领企业不断发展，另一方面还要保证企业的稳定前行，控制经营中的风险。管理者要从全局的角度去考虑，认真地对待每一个机会，进而做出最佳的选择。那么，到底应该如何抉择呢？

首先，管理者要清楚自己的现状。对企业的内外环境进行充分的调查和了解，并综合考察自身的实力。如果实力足够，就可以对新的领域进行一些尝试；如果实力不够，最好不要贸然挺进。

其次，管理者要对面前的机会进行筛选。将最适合自己企业规模、企业实力以及企业发展方向的机会留下来。阿里巴巴总裁马云曾经说过："CEO 的主要任务不是寻找机会而是对机会说 no。机会太多，只能抓一个，抓多了，什么都会丢掉。"所以，管理者应该为企业制定一个目标，并围绕目标来排列事情的先后顺序。对于那些不太重要的事情，就不必花费太多的时间和精力去做。

最后，管理者要将适合的机会及时贯彻执行下去。在执行的过程中，要根据具体的情况做相应的战术调整。市场环境每天都在变化，管理者更应该时刻关注市场变化，并相应地调整自己的战略。

奥地利诗人里尔克在诗歌中曾写道："没有什么胜利可言，挺住就意味着一切。"其实，在复杂多变的市场环境中，过于随机应变，很难获得历经市场变化的购买者的倾心。所以，大多数时候不妨从容一些，利用好福克兰定律，不做没必要的决定。

第42课

王安论断：成功始于果断的决策

王安论断是由美籍华裔企业家王安博士提出的。它是指犹豫不决固然可以免去一些做错事的机会，同时也失去了成功的机遇。纵观古今中外富商巨贾的成长历程，无不是面对机会后果敢决策才取得成功的。当断不断，反受其乱，成功者的过人之处就在于面对机会时敢赌敢拼，无所畏惧。同时，还要做到不拖延，少抱怨，常清醒。王安论断告诉人们：成功始于果敢的决策，但果敢不一定成功。

拖延症，是看不见的"杀手"

"DDL"是大学中的一个流行词汇，它的全称是"deadline"，中文意思是"截止日期"，主要指大学里各种待完成的任务。每次都是临近期末时，各种"DDL"就会被提上日程，许多大学生就将熬夜当作赶作业的主要手段。

那么，大学生们为何不提前规划好时间，从容地面对各种纷至沓来的任务，而非要拖到最后时刻才来完成呢？他们虽然知道这样不好，但却有某种强有力的因素来"阻止"他们这么做——那就是"拖延症"。"今日事，今日毕"，今天之事就争取在今天做完，千万不要拖延到明天。

试想一下，公司的管理者安排一项工作，原本可以很愉快、很容易地完成，可是，偏偏有一些员工有拖延症，硬是将手中的工作拖延了数个星期。所以，在管理者看来，一味地拖延手中的工作，就是一种没有责任心的体现。毫无疑问，这样的员工是不被管理者看好的。那么，究竟如何才能克服工作中拖延的毛病呢？

1. 给每个工作定个"死期"

作为员工，就要把工作放在第一位。首先，要列出自己近期要做的工作；其次，要给每个工作定一个必须完成、不能再拖的"死期"。需要强调的是，不可以把"死期"定得太过漫长，要尽快完成那些零碎的、占时少的工作，以节省自己大脑的记忆空间。因为每完成一项工作，你的脑子里就可以少一些数据。如此一来，你就可以专注于做其他的事。

2. 给自己挑战的勇气

有人曾说，"一个人的思想决定一个人的命运"，只要向高难度的工作挑战，尽力发挥出自己的潜能，就一定可以成就属于自己的事业。那些拖延者之所以常常被工作的分量吓到，就是因为他们害怕自己无法完成任务，结果就会不自觉地把工作一拖再拖。殊不知，只要你勇于挑战那些自认为不可能完成的工作，成功就会离你越来越近。

3. 寻找解决问题的方法

在工作的过程中，每个员工都应该发挥自己最大的潜能，努力地做好自己的工作，而不是寻找借口，白白浪费工作的时间。每个管理者给员工安排职位，都是为了解决问题，而不是听你陈述自己的困难。因为再绝妙的借口，管理者也无暇去听你详说。所以，哪里有困难，哪里有需要，员工就需要义无反顾地去哪里，并想方设法地解决问题。

比尔·盖茨曾说："过去，只有适者能够生存；今天，只有最快处理完事务的人能够生存。"只有那些效率高的人，才能挤出更多的时间去完成更多的工作。而那些有拖延症的人，因为工作效率低下，他们需要占用大量的时间去完成同样的工作。一个效率高的人可以在 3 分钟内办完的事，到了另一个人手中却要花整整一天的时间去完成。如此不仅劳累了自己，也让管理者感到疲惫。

作为一名员工，想要在企业中立于不败之地，就必须把手中的工作完成在"昨天"。对于管理者交代的工作，就要在第一时间进行处理，而不要一拖再拖，毕竟拖延症是看不见的"杀手"。那些优秀的员工之所以能在工作中脱颖而出，就是因为他们清楚地知道完成任务需要的最后期限。

一个总在"昨天"完成工作的员工，永远是最成功的。回首昨天，他们应该是问心无愧的；面对今天，他们应该是倍加珍惜的；展望明天，他们应该是信心百倍的。

当断不断，必受其乱

"寡断能使好事变坏，果断可转危为安"，这是美籍华裔企业家王安博士提出的理论，后来被人们称为"王安论断"。他之所以会提出这样的论断，全得益于他 6 岁时的一次亲身经历。

小时候，王安曾经看到一只受伤的小麻雀从树上掉了下来。王安非常喜欢它，决定把它带回家亲自喂养。于是，他就先把小麻雀放在门外，然后独自进屋去请求妈妈答应他的要求。在他的苦苦哀求下，妈妈终于答应了他。但是，当王安走到门外时，却发现小麻雀已经被一只野猫吃掉了。

正是因为王安的犹豫不决，耽误了营救小鸟的最佳时机，最终导致了小鸟的死亡。这件事情给王安留下了深刻的印象。自此，他意识到一个问题：如果一件事情是正确的，就要果断地去做，否则就要承担一定的后果。其实，这件事情不仅体现了人们的主观能动性，也强调了意志方面的作用。

"花开堪折直须折，莫待无花空折枝。"任何机遇都是上帝赐予的一颗"金苹果"，如果你不懂得珍惜，机遇就会离你远去。所以，当你感觉那是个机遇的时候，就要果敢地做出决策，这样才能有机会获得成功。

在管理方面，如果管理者一味地优柔寡断，那他失去的就不只是一只小鸟了，还有可能失去一个职位，更有甚者会失去一份事业。在商界，谁能最先看到商机，并能够做到当机立断，谁就会成为当之无愧的赢家。因为机遇总是可遇而不可求的，当你面对它的时候，当机立断抓住了，那就是你的运气好；如果你犹豫不决错过了，那就是你的运气很不好。

现实中，总是会听到那些失意的人抱怨："如果曾经我……""如果我那时候……"从他们口中说出的除了各种如果，就是各种假设，似乎别无其他。然而，现实情况是他们根本没有抓住一个"如果"，所以才会一无所获。

其实当机立断的例子在商界可谓是数不胜数。在金融业，更是如此。无论是股票、基金、期货还是外汇，只要你看准机会，果敢决策，当抛则抛，当买则买，那肯定会大赚。如果你看到机会，却始终不敢出手，犹豫再三，那么只能一失再失赚钱的良机。"撑死胆大的，饿死胆小的"，这句话虽然话糙，理却不糙，体现出了当机立断的重要性。

无论是在人生旅途中，还是在商海职场上，那些能够克服困难的人，都具有坚决果断的性格。因为坚决果断能够帮助人们克服不必要的顾虑，让人们可以鼓足勇气前行。而那些左顾右盼的人，反而因为顾虑重重而成了无头的苍蝇。因为他们没有明确的思想，也就无法做出果断的决策，成功自然也就无从谈起。

　　如果你是一名员工，在面对机遇时，就要尝试着去做一个干脆利落、当机立断的人。如果你是一位领导者或管理者，在面对机遇或灾难时，更应该做到当机立断、果敢决策。只有这样，才能提高成功的概率，将损失降至最低。所以，当一个人自己认定了某件事情时，就要牢记"当断不断，必受其乱"的道理，那么他距离成功也就不再遥不可及了。

第十七章 执行

第43课

格瑞斯特定理：任何管理措施都重在执行

格瑞斯特定理是由美国企业家 H. 格瑞斯特提出的。它是说杰出的策略必须加上杰出的执行才能奏效。格瑞斯特定理告诉人们：说一尺不如行一寸，有行动才会产生结果。也就是说，要有切实执行的行动，如果任何事情只止于想，没有任何的具体行动，那么永远也不会获得成功。"没有做不到，只有想不到。"这种结果的出现，是以立即付诸实际行动为前提的，有想法就要立刻付诸行动，才能得到自己想要的。

没有执行力，一切都是空谈

有一群老鼠正围坐在一起开会，它们在研究如何应对猫的袭击。其中，有一只很聪明的老鼠站了出来，说自己想到了一个绝妙的主意：可以在猫的脖子上挂一个铃铛，只要猫一动，铃铛就会响。这样一来，我们不就可以知道猫来了吗？其他老鼠纷纷附和，认为这个主意不错。但这时候问题来了，谁去给猫挂上这个铃铛呢？几分钟过去了，这群老鼠中没有一只老鼠主动站出来。

可以看出，不仅仅是小动物如此，就连人也是如此。明明目标定得也很明确，计划得很美好，但执行却是一塌糊涂，最终只能不了了之，默然收场。所以，没有执行力，再好的计划也只是一场空谈。对于管理者而言，企业的任何一种管理措施，最重要的就是执行这个环节。很多时候，只有这一步的计划实现了，才能进行下一步的计划。

很多企业在执行上都存在一些问题，最典型的表现就是流程烦琐，行动迟缓，互相推诿，执行力低下。其他企业都已经着手做起来了，自家企业还停留在"怎么做"的反复论证中，从而导致失去了市场先机。可见，没有执行力就没有竞争力，没有竞争力，何谈占有一席之地呢？

不难想象，如果管理者对执行没有充分的认识和重视，仅仅将执行看作是员工的事情，其结果必然是执行不力。如果管理者能够以身作则，把自己当作执行的起点，就一定会促进团队爆发出强大的执行力。那么，如何才能提升整个企业的执行力，并带领企业在竞争中获胜呢？

1. 全面了解企业和员工

作为管理者，不仅要尽可能多地搜集关于企业的原始信息，还要全面了解员工的优缺点和优劣势，能够让员工发挥自己的长处。为了实现企业的目标，管理者不能只抓住员工的缺点和短处，而要学会知人善用、用人所长。

2. 弘扬实事求是的品格

实事求是是一家企业弥足珍贵的优良品格。对于企业的长处和优势，管理者总是能侃侃而谈，这就反映出了人们的一种心理：每个人都愿意谈正面的、积极的且有利于自己的信息。所以，管理者一定要在企业内部建立起一种实事求是、敢于表达真言的氛围和文化。

3. 充分做好自我了解

管理者要充分了解自我，对自我的优缺点、优劣势要有一个清醒的认知。只有这样，才能扬长避短，有针对性地学习和吸收别人的长处和优势，使企业的力量更为均衡，从而提高企业管理者的执行力。

管理者在执行中扮演着重要的角色，一切执行都是从管理者开始的。管理者是整个企业的指挥官，肩负着控制执行的重任。一个优秀的管理者，首先要把自己变成一个执行者，才能提升整个企业的执行力，带领企业在竞争中获胜。

说一尺不如行一寸，有行动才会产生结果

格瑞斯特定理是管理界的一条黄金定律。有关专家在 100 家成功企业中开展了一次专项调查。调查结果显示：在这些成功的企业中，只有 20% 的企业靠策略取胜，60% 的企业是靠各层管理者的执行力获得了现在的成功，剩下的 20% 的企业则是靠一些运气因素等。这就说明了一个道理：说一尺不如行一寸，有行动才会产生结果。

美国 ABB 公司董事长巴尼维克曾说过："一位管理者的成功，5% 在战略，95% 在执行。"为什么曾经一起挤地铁、租房子的人，几年之后的差距会特别明显？为什么很多企业不到五六年就倒闭了？其很大一部分原因就是执行力不到位。所以，无论是对企业还是个人来说，没有执行力或者执行力很差，都将会是一场灾难。

然而现实的情况是，我国企业界的通病就是执行不力，其表现形式主要有三种：第一种是不知"执行力"为何物，管理者就把它曲解为权威或权力，且没有合理的制度支撑；第二种是有相关的制度为"执行"作支撑，但常常是目标种种，策略多多，却议而不决、决而不行、行而不力；

流于"口号管理"；第三种是有比较完善的管理制度并重视执行，但缺乏合理的执行系统，执行阻力很大，以致控制不力、效率低下。由此看来，执行不力的问题出在执行系统和管理者上。企业建立科学的执行系统和调整管理者的心态与行为显得尤为关键。提升执行力的步骤主要分为以下三个步骤：

1. 规范战略制定，明晰业务流程

明晰每一个流程，把复杂的东西简单化，把简单的东西量化，用流程来推动管理者的工作，让管理者通过该流程就知道自己该做些什么，应该怎么做，而不是事事靠领导来推动。在每个环节中提炼出核心内容，以便管理者能优先配置资源，而不是到处是重点，漫无边际。

2. 建立合理的激励和授权机制

激励是提高执行力最有效的方法之一，如果把大家的积极性都调动起来了，有什么决策会执行不下去呢？对成功者进行奖励是理所当然的，但对失败者，只要是尽力了，精神可贵，就应找出一些失败的典型来进行奖励，合理的授权是最高的激励方式之一，能帮助下属自我实现。

3. 建立控制系统，引入淘汰机制

引入淘汰机制，每年选举一次，凡下属和上司都不满意的领导自动贬为员工或解聘，有一方不满意者降职 1～2 级。这样一来就可以把执行者控制好。如果你执行不力，做不出成绩，不能让下属和上司满意，你很可能就被淘汰出局。

在现实生活中，大多数企业都有良好的蓝图规划，但仅仅因为企业自身的不足和计划实施过程中的不当，而导致整个计划全盘皆输的案例比比皆是。所以，管理者更应该想到的是为何计划会失败，并分析所有的不利因素，防止重蹈覆辙。

正所谓"一着不慎，满盘皆输"，对于未来的每一步，棋手都必须按

计划走好，管理企业亦是如此，所有的大成功都是由一个个小成功组成的。更不可否认的是，任何一家企业的成功都离不开良好的执行力。尤其是当企业的战略方向已经或基本确定时，执行力就显得更为关键了。作为管理者，必须要将执行力放在工作的第一位。

第44课

吉德林法则：认清问题才能更好地解决问题

> 吉德林法则是由美国通用汽车公司管理顾问查尔斯·吉德林提出的。它是说把碰到的难题清清楚楚地写出来，便已经解决了一半。换句话说，只有先认清问题，才能更好地解决问题。吉德林法则告诉人们：在遇到任何难题时，首先要保持沉着冷静；然后再进一步寻找解决难题的办法；最后要仔细研究问题出在哪个环节上。只有这样，才能更快、更容易地找到解决问题的最佳办法。

认识到问题就解决了一半

每一个领域都少不了用吉德林法则进行决策。无论是企业还是个人，都会遇到各种各样的难以解决的问题。在遇到难题时，最好的办法是把所有的问题都一一记录下来。只有这样，才可以理清我们的头绪，解决问题时才会事半功倍，这就是吉德林法则。

在瞬息万变的职场中，如何才能最有效地解决难题并没有一个固定的规律。但是，这也并不是说不能成功地解决问题。当企业出现难题时，管理者必须要弄清楚问题出现的原因。只要找到问题的症结，就能找到解决问题的方法。因此，遇到问题后首要的就是要分析问题，这样才能在解决问题时得心应手，事半功倍。

然而，大多数管理者在遇到问题时，都会选择被动的应对方式，其实这种方法是不可取的。吉德林法则中一再强调，在遇到任何问题之后，处理问题的原则应该是主动的。那么，在问题或者危机来临时，管理者该如何应对呢？

1. 以快制胜，以静制动

"智者千虑，必有一失"，在出现危机时，管理者们不必惊慌，任何问题都是可以解决的。管理者在制定出相应的应对方案前，要找到问题关键症结所在，对症下药，才不会使危机演变成不可收拾的局面。如果企业爆发危机了，管理者就要做好舆论宣传，保持口径的一致性。在态度方面要诚恳，赢得社会公众和媒体的理解。所以，管理者在遇到问题时，要采取以快制胜、以静制动的方式。

2. 宁强勿软，采取疏通的态度

管理者在解决问题时，要采取比平时更严厉、更有力的措施，才能赢得社会以及公众的认同和信任。在危机爆发后，很多企业都采取冷漠、傲慢或者是敷衍的态度，更有甚者还对消费者进行无端的指责，于是双方之间就产生了冲突和纠纷。殊不知，对于管理者来说，他们的主要任务是做好疏通工作，这样才能进一步获得公众的理解。

3. 建立良好的外部协作关系

企业与外部建立良好的互动、协作关系，可以改善企业的外部生存环境，毕竟很多东西都是相互的。一个企业如果能够与他的供应商、消费者以及竞争对手之间建立一种相互尊重、互惠互利的平等关系，在企业出现问题时，管理者就可以通过一系列的沟通活动以及手中有的媒体资源，来赢得各界的广泛同情与支持，从而将问题带来的影响控制在最小范围内。

在现代市场竞争激烈的情况下，企业在遇到难题时，先要看清楚难题的根源是什么，然后再换一个角度看。不难发现，当我们把所有遇到的问题都写下来，这个时候就可以去分析问题，分出轻重缓急，一条条地去解决，很有可能会获得另一种成功。

树立危机意识，防范风险挑战

吉德林认为，危机未必是一件坏事。在企业经营的过程中，都有可能会遇到困难或者危机。在出现危机时，管理者要沉着冷静地面对问题，认识到问题的关键所在。出现危机不可怕，可怕的是被危机冲昏了头脑而自暴自弃。

对于企业而言，危机有时反而会成为企业发展的大好契机。只要管理者能够树立起忧患意识，并在危机来临时快速地做出反应，就一定能扭转危局，反败为胜。需要记住的是：所有的坏事，只有在我们认为它是不好的情况下，才会真正成为坏事。美国波音公司的做法，就值得人们学习和借鉴。

美国波音公司就曾利用过"以患为利"的激励策略。20世纪90年代初，波音公司面临着巨大的危机，产量大幅下降，经营绩效滑坡。为了走出这个低谷，波音公司的管理者决定"以毒攻毒"，在危机面前，自曝惨状，刺激员工的同时，以激发他们的干劲儿，达到复兴波音的目的。为此，波音公司特意摄制了一部虚拟的电视新闻片：在一个天色灰暗的日子，工人们都垂头丧气地拖着沉重的脚步，离开了工作多年的飞机制造厂。厂房门口还挂着一块"厂房出售"的牌子。紧接着，从扩音器中传来"今天是波音时代的终结，波音公司关闭了最后的一个车间……"的声音。

令人感到意外的是，这则企业倒闭的电视新闻竟然发挥了它的作用。员工们由于充满危机感而努力工作，节约公司每一分钱，充分利用每一分钟，从而使波音公司的飞机制造变得迅速且有效益。这种用危机意识来激励员工的方法，就是一种危机激励。大凡明智的商业人士，都会通过不断地强化危机意识，让员工激发奋进精神，以做到防患于未然。

"人无远虑，必有近忧"，面对变幻无常且残酷的市场环境，企业更是如此。一方面，随着社会的进步，新的科学技术在不断涌现，无疑会给企业带来新的危机；另一方面，新的市场竞争对手和新的竞争手段也在不断出现，那些停留在原有水平上的企业就会被市场淘汰，这是毫无疑问的。

所以，当企业陷入困境时，不如把危机坦诚地告知全体员工，因为危机意识能够使员工发挥最大的潜力，甚至还可以挽救一个濒临倒闭的企业。可见，忧患意识关系到人的生死存亡。对于企业来说，时刻保持警惕，才是企业生存与发展的前提。管理者只有比别人先察觉到潜在的危机，才能使企业健康发展，从而立于不败之地。

第十八章 信息

第45课

沃尔森法则：掌握了信息和情报，你就掌握了主动权

沃尔森法则是由美国企业家S.M.沃尔森提出的。它是指当一个人把信息和情报放在第一位时，金钱就会滚滚而来。沃尔森法则给人们的启示是：在管理者眼中，最具价值的就是"信息"和"情报"，这也是管理者最想听到的事情。你能得到多少，往往取决于你知道多少：市场有什么新动向？竞争对手有什么新举措……在准确快速地获悉这些情报后，果敢迅速地采取行动，才能在市场竞争中立于不败之地。

信息的多少，决定了你的胜算

沃尔森认为，信息与情报关乎企业的方方面面。具体来说，一个企业能够赚到多少钱，往往取决于企业的认知。在变幻莫测的市场上，企业想

要越来越有钱，就需要不断地提升认知，并且果断地采取行动。这就要求企业不仅要注重内部信息，还要重视外部信息；不仅要注意搜集、把握信息，还要做好信息的保密工作。可以说，信息对于博弈的重要性怎么强调都不为过。

曾经有个做古董生意的人，他无意中发现，有个人竟然拿一只珍贵的茶碟来当猫食碗。他假装很喜爱这只猫，要从主人手里买下。于是，古董商出了很高的价钱买下了这只猫。之后，古董商装作不在意地说："它已经用惯了这个碟子，就把它一块儿送给我吧。"猫主人一听，大吼道："你知道我用这个碟子卖出多少只猫了？"古董商听后，心中不禁一颤。他怎么也没想到，猫主人不但知道这个碟子的价值，还利用它大赚了一笔。

由于信息的寡劣造成的弱势，几乎是每个人都可能会面临的困境。为了避免这样的困境，在行动之前，我们就要尽可能地掌握有关信息。比如人类的知识、经验等，都是我们将来用得着的信息库。只要有了信息，行动就不会盲目。这一点不仅在投资领域成立，在商业争斗、军事战争、政治角逐中同样也是有效的。

从某种意义上说，关注信息其实就是关注金钱。可见，掌握更多的信息是颇有好处的。信息，实际上就是我们博弈的筹码。虽然我们不知道未来将会面对什么问题，但是掌握的信息越多，正确决策的可能性就越大。可以说，信息的多少直接影响到企业的命运，是企业成功的关键因素。

在相同的条件下，获取信息更快更多的人，会优先抢得商机，成为市场竞争的优胜者。有人说市场经济就是信息经济，其精髓就在于此。随着网络的普及，我们正在走入信息经济时代，人们追求的已经不再是信息的全，而是信息的有效。越来越多的信息充斥着电脑的荧屏，人们绝不能被困在对全面信息的无限追求中，只要能获得影响市场的有效信息，就已经足够了。

生活在信息社会中，我们要不断地提升自己获取有效信息的能力。有句话说得好："世界上从来不缺少美，而是缺少发现美的眼睛。"将它运用到经济生活中，也是同样的道理。生活对每个人都是平等的，也从来不缺少成功的机会。我们需要有一双敏锐的慧眼，发掘有效信息。在人生博弈的平台上，掌握信息的优劣和多寡，决定了你的胜算与否。

知识，需要不断地更新

人的一生，好像一直都在为认知买单。沃尔森法则告诉人们，一个人能走多远、走多高，依靠的是自己的底层积累有多强大。越是强大，能得到的就越多。所以，不断地学习，是保证知识和信息持续有效的重要方式。

在知识经济时代，知识更新的速度越来越快，周期也越来越短。人类有 90% 的知识都是在近 30 年内产生的，而知识的半衰期却只有 5 ~ 7 年。不仅如此，人们的能力就好像一块电池一样，会随着使用的时间逐渐流逝。

面对竞争激烈的社会，每个人都要不断地为自己"充电"，才能跟得上人们的步伐。知识的更新速度在不断地加快，想要更快地适应这个世界的变化，就必须拥有终身学习的观念。随着时代的变迁，"活到老，学到老"的观念逐渐被人们所接受。那些"抱残守缺"和知识陈旧的人，注定会被社会所淘汰。为了防止淘汰，最适当的办法就是不断地更新自己的知识。

就连现代管理学之父彼得·德鲁克也一直没有停止更新自己的知识。他曾经给自己设定了知识更新方式——每隔三四年，他就要学一门全新的知识。新到什么程度呢？新到他以前几乎闻所未闻，敬而远之，甚至还有一点儿抵触心理。学习力才是核心竞争力，他深谙此理，并身体力行。他这样的学者尚且可以做到如此，我们这样的普通人更应该在知识上提倡丰富性和多样化，使自己永远"保鲜"，才能使自己的思想不至于封闭化、板结化。

在当今社会，人们总是为了选择不同的生活方式而付出代价，这种代价就是让自己的生活不再安逸悠闲。毕竟一切事物都在不断地变化，一切事情都不是绝对的。所以，我们必须学习应对不稳定因素，学会做各种不同的决策。如果我们想要出类拔萃，善于学习，不断更新知识就是必备的基本素质。换言之，但凡人生出彩的人，必然是一个善于自我更新知识的学习者。

时代在发展，社会在变革。除了变化是不变的，其他的事物似乎都在发生着变化。要想适应这种变化，就需要我们不断地学习，更新我们所掌握的知识和资讯，让知识"活"起来。从某种意义上来说，不断更新知识就是在增强自己的竞争力。一个人只有不断地学习，才会在竞争中脱颖而出，战胜对手。

第46课

塔马拉效应：善藏者人不可知，
能知者人无以藏

塔马拉是捷克雷达专家弗·佩赫发明的一种雷达，它与其他雷达最大的不同是不发射信号而只接收信号，故不会被敌方反雷达装置发现。塔马拉效应引申到传播学、管理学等方面，是指一种逆向思维。这种模式虽然周期长、成本高、效率低，但却是信息采集的主要方式。塔马拉效应告诉人们：善于隐藏自己的人，别人看不透他的心思；能识人的人，别人没办法在他面前隐藏自己的心思。

别做那只被枪瞄准的"出头鸟"

科学家发现，在南美丛林中有一种非常漂亮的鸟儿，它们身上的羽毛很长，而且色彩艳丽。当它们求偶时，就会张开翅膀向异性炫耀自己的羽毛，以此来增加繁殖的机会。这原本是进化赋予的优势，可事实上，这种鸟儿总是在求偶的时候遭到猎人的射杀。为什么会是这样呢？因为当它们张开翅膀向对方炫耀时，鲜艳的颜色很容易吸引猎手的注意力。所以，越是出风头的鸟，越容易成为猎手捕食的对象。

塔马拉效应认为，虽然能力出众是一个优势，但是当我们比别人更具实力时，竞争能力也会相应地得到提高。所以，当我们拥有这种竞争优势时，不仅不能明目张胆地将这种优势摆在其他人面前，也不能仗着这种优势处处出风头。如果我们总是把优势当作炫耀的资本，那么，最后我们的这种优势也很有可能会变成一种负担。

职场中不乏这样的年轻人，他们都有一种初生牛犊不怕虎的胆量。也正是因为他们的这种胆量，让他们在工作中总是花费更多的时间和精力去拼搏，就是因为他们不愿意落后于任何人。然而，在人际交往的过程中，虽然拥有胆识是必须的，但是也要懂得低调，千万不要锋芒太露，成为那只被枪瞄准的"出头鸟"。

换句话而言，没有谁会喜欢那些自以为是、爱显摆的人。比如在公司会议中，当同事们坐在一起交流工作中出现的问题时，在座的每个人都拥有发言的权利。如果你总是想要把别人的发言权都控制在自己手中，那么其他人心中势必会产生一些不满。即使你有出色的口才，有着很强的能力，也要适当地弯下自己的腰身，学会低调做人，给其他人一次施展自我的机会。

如果你是一位职场新人，更应该懂得低调。即使你在各方面的条件都很不错，也应该在同事面前表现出一份谦虚。因为你的谦虚会让你得到前辈们的认可和倾心。都说枪打出头鸟，越是活跃，越是想要出风头，就越容易成为别人枪口下的那只"出头鸟"。因为没有人愿意被别人踩在脚下，当你高高在上、出类拔萃时，别人自然会将矛头对准你。

一个聪明的、通世故的人，即便自己真的有超于常人的才学，也不会轻易在别人面前展示和显露出来。他们不会主动站出来去当那只"出头鸟"，不会飞到比别人更高的枝头上去，更不会去抢别人的风头。

在领导面前要隐藏实力

塔马拉效应，告诉人们要适时地隐藏自己的实力。

中国上下五千年历史长河中，发生了各种各样的事情。其中"鸟尽弓藏，兔死狗烹"的事件比比皆是，最令人触目惊心的，都是一些"实力为领导所忌惮"的真实案例。其中也有不少明智的下属，他们不仅懂得韬光养晦、独善其身的道理，更懂得在领导面前隐藏自己的实力，由此规避领导的妒忌，从而维系好与领导的关系。

一般而言，管理者需要展示自己的才能，才能获得领导的认同和下属的尊重，才能把管理工作做得更好。然而，塔马拉效应要求管理者实施逆向思维，要适时地隐藏自己的实力，不轻易被领导发现。毕竟"职场如战场，才高被人忌"，只有大智若愚者才能保全自己。

塔马拉效应不只是提醒我们要在领导面前学会隐藏自己的实力，同时它接收信号的功能也提醒我们要学会汇集信息。除了企业的最高领导者之外，每一个管理者在企业中都有可能遇到领导容不下下属、妒忌下属的局面。在这种情况下，不仅要学会"善藏者人不可知，能知者人无以藏"，还要善于接收各方面的信息。

在日常工作中，首先，我们要韬光养晦、低调行事。有实力的管理者，往往更容易出业绩。这时候，如果你有一个嫉贤妒能的领导，你就要学会低调，不要总想着把业绩炫耀给领导，这有可能会招来领导的敌意对待。其次，我们要学会倾听，学会汇总信息。倾听的同时，要搜集汇总来自各方的信息，在这些信息中找到最有价值的信息，最后得出最适合的建议或方案。

一个聪明外露的人身上总会潜藏着一种危险，那是因为他喜欢批评别人；一个学识渊博而喜欢雄辩的人也会遭遇相同的命运，那是因为他暴露了别人的缺点。海纳百川，成汪洋之势，是因为它地势最低。如果你想登上顶峰，就必须要学会低调。这既是我们对自己的理智审视，也是平衡处世、顺利走向成功的重要保证。

第十九章　监督

第47课

小池定理：适当放弃也是一种大智慧

> 小池定理是由日本管理学家小池敬提出的。它是说越是沉醉，就越是抓住眼前的东西不放。小池定理告诉人们：要适时地学会放弃，才能让自己减重前行，让自己的人生过得轻松愉快。或许大多数人都有这样一种体验，自己为之付出的努力越多，到不得不放弃的时候，就越是难以割舍，难以放下。殊不知，有所放弃才有所选择，只有认识到真正的自我，选择属于自己的并不懈地坚持下去，才会有所建树。

放弃，也是一种选择

小池定理认为，在成功面前，一定要时刻警惕自己，不能自我陶醉，要时刻保持清醒的头脑。因为你越是沉醉，就越是不舍得放弃。殊不知，如果我们不懂得放弃，面对着游戏的诱惑和工作的辛苦，为贪恋一时的快感，就会让自己陷入焦虑之中。

华佗放弃了进朝为官的仕途，而选择了只做一名普通的医者；邓稼先放弃了国外优厚的待遇，而选择了回国专心做研究；鲁迅选择了弃医从文；毕淑敏选择了弃医从文；比尔盖茨选择了弃学从商。他们的放弃，并不是自暴自弃，更不是陷入绝境时渴望得到的一种解脱，而是在深思熟虑的基础上主动做出的另一种选择。

生活本身就是复杂的，它既让我们依赖它的许多赐予，又限定了我们依赖的程度。其实，放弃也是一种选择。放弃了 A，也就可能会选择 B。比如，有些人放弃了钻营逐利和沽名钓誉，他们就选择了快乐生活；有些人放弃了金钱和职位，他们就选择了平淡的生活。当然，放弃并不是随意地去放弃，而需要经过周密的判断，需要一往无前的决心，才能破釜沉舟，果敢行事。那么，如何才能做到理性放弃呢？

1. 目标要切实可行

不要给自己制定一些超乎现实的目标，即使你再努力，也终究是达不到的。因为那完全是一些不切实际的想法，给人们带来的不只是力不从心的重负和壮志未酬的遗憾，更重要的是，不切实际的想法会耗费一个人能够成就事业的精力。

2. 放弃权力和地位的诱惑

声色犬马、灯红酒绿、纸醉金迷……面对这种种诱惑，你真的能受得了吗？如果你选择接受这些诱惑，那么就会为了享受而不择手段。在追求这些诱惑时，你的精力就被大量耗费，自然难免会在享受的过程中远离人生的大志向，甚至与自己真正需要的人生幸福背道而驰。

3. 拥有常人的心态

斤斤计较于蝇头小利，与身边的人争一日之短长、论一时之高低，这只能证明你是一个眼界短浅的人。你的眼界、思维与胸怀已经受到了极大的限制。一个人只有知道自己不能干什么、能干什么，舍弃那些不切实际的追求，才能把有限的精神集中到自己能干的事情上。

中国古代圣贤之所以教导人们"无为而治""无为而无不为"，是因为这样做可以让人们在有限的生命里面对无限的大千世界。只有真正走进舍弃的境界时，出现在人们眼前的才会是一个别样的世界。

鱼和熊掌不可兼得

在亚洲的某些地区，猎人们捉猴子都十分讲究方法。猎人先用绳子把挖好的椰子一端绑在树上或固定在地上，然后在椰子的小洞里放入一些谷物等食物，洞口的大小恰好只能让猴子空着手伸进去，而无法带东西握拳缩回来。当猴子们伸手抓满了稻谷时，它就会被卡在椰壳中无法出来。此时的猎人只要乘机拉紧绳子，就会轻松地把猴子逮到。如果猴子足够聪明，放弃手中的稻谷，它就可以轻易地脱手，不会被猎人捕捉到。但是，猴子毕竟是猴子，它不舍得丢掉已经到手的食物，更不愿意放手，最后只能被猎人捕捉。这一现象就体现出了小池定理：适当的放弃，也是一种大智慧。

关于取与舍的问题，在两千多年前，孟子就已经以身说法，给人们做了一个合理的解释：鱼和熊掌不可兼得。所以，一个理智的人通常会在鱼与熊掌中选择一个。不难发现，那些选择一个的人，更容易取得成功；而那些鱼和熊掌都想得到的人，结果是鸡飞蛋打一场空，一样都没捞到，又哪来的成功呢？

有时，学会舍弃也是一门学问。人们总是在不停地追求一些东西，可是有很多东西并不是真的有用，大部分东西如鸡肋一样。这时，人们所需的就是断然地舍弃与明智地抉择。比如，你想当一名考古学家，就得舍弃城市里的舒适；你想做一名登山健儿，就得舍弃娇嫩白净的肤色；你要想当一名科学家，就得一丝不苟地努力。

为什么一定要舍弃呢？心理学研究表明，我们的大脑具有很强的过滤能力，即具有主动遗忘的特性。我们的感官及其与之相联的大脑每时每刻都可能接受巨量的刺激，如果不对这些刺激进行选择或过滤，就可能成为人们难以承受的负担，干扰我们正常的心理、情感及社会生活。因此，我们有必要学会遗忘消逝的事件，不必太在意人生的得失。

无论遇到何事，有得必有失，放弃了并不代表失去，可能还会发现更美好的东西。如果我们陷入不舍得的烦恼中，就可能难以自我解脱。要改变这种局面，就要把我们舍不得的东西舍掉，放下无谓的执着。因为人生不仅要进取，还要学会舍弃，更要明白舍弃之中的大奥妙。

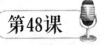

第48课
赫勒法则：监督是压力，更是一种动力

赫勒法则是由英国管理学家 H. 赫勒提出的。它是说没有有效的监督，就没有工作的动力。因为有效的监督，能够调动员工的积极性。当员工知道自己的工作成绩有人检查时，就会加倍地努力，也就形成了"没有有效的监督，就没有工作的动力"这句名言。管理者要想真正调动起员工的热情，提高他们工作的积极性，就要学会运用激励和监督机制，用好自己手中的"指挥棒"。

用好你手里的"指挥棒"

有时候，管理者工作繁忙的时候，就顾不得去了解员工的工作情况了。有一些员工就会因此而形成"三天打鱼、两天晒网"的习惯，在工作上逐渐松懈下来。作为管理者，就要养成对员工工作定期追踪的习惯，以提高员工的使命感，同时也可以建立自己的威信。

从某种意义上说，人的惰性会推动社会的进步。比如不想走路，人们就发明了汽车作为代步工具。但是，工作中的惰性就会阻碍员工工作热情的发挥，阻碍企业的生产发展。管理之所以重要，就是因为管理的主体是人，被管理的也是人，要真正调动员工的工作热情，提高员工工作的积极性，就需要管理者运用手中的激励和监督机制，运用好手里的"指挥棒"。那么，管理者应该如何进行有效、科学的管理呢？

1. 要注意督察适度

监督并不是目的，只是一种管理的手段。所以，不能因为开展督察工作，就脱离了保持员工工作活力、提高工作效率这个目的。这就需要管理者采取"正向激励为主，督察为辅"的原则，注意督察尺度的同时，要相信员工一定可以克服惰性，并帮助他们克服工作中的惰性。

2. 注意公正公平

如果让上级和同事之间进行相互检查，很容易影响公司的内部团结，造成分裂，导致公司内部人际关系不协调。所以，管理者可以向肯德基学习，引进"外人"对员工的工作进行监督，保证监督的公平性，这样的监督才会更加有效。

3. 立足事实

因为行业的不同、员工工作内容的不同，就要实施不同情况的监督。比如，工作内容单一、重复操作性很强的工作，就需要有形监督，即从上至下的走动管理等。这种情况较多地出现在制造业、服务行业等，主要是通过人员监督、监管来实现。

在实际的工作中，大多数员工因为在管理者的有效监督下，才取得了非凡的成绩。比如吉拉德，他是世界上汽车卖得最多的人。其实一开始的时候，他也是非常平庸的一个人，工作业绩也不好。一个销售季度结束之后，他的管理者对他说："我这里销售业绩最差的人一个月只卖了6辆汽车，我觉得你将会刷新他的纪录，创造新的纪录。"

正是管理者的这句话，让吉拉德备受刺激，也成就了吉拉德后来疯狂销售的业绩。虽然每个人都不喜欢被监督，但是又必须被监督。因为监督是无形中存在的准绳，如果没有监督，人心就会离散。所以，只要管理者用好手里的"指挥棒"，就可以让员工在监督约束下释放更大的潜能。

有效的监督，也是一种激励

每个人都是有惰性的，管理的主体是人，客体也是人。要想调动员工的工作积极性，就要灵活地运用你手中的激励和监督机制，调动好你的指挥棒。对待那些自觉性较差的员工，偶尔利用你的权威对他们进行一番威胁，会及时地制止他们消极散漫的心态，进而激发他们发挥出自身的潜力。

有一次，拿破仑出去打猎，路过一条河的时候，他看到一个小男孩在水中拼命地挣扎，嘴里还高呼着"救命啊"。拿破仑看到那条河并不宽，小男孩完全可以自己挣扎上岸的。于是，拿破仑不仅没有下水去救小男孩，反而掏出一把猎枪，对小男孩大声说："如果你不自己爬上来，我就一枪打死你。"没想到，小男孩见求救无用，反而让自己更加危险，他开始奋力自救，很快便爬上了岸。

拿破仑的这个故事告诉管理者一个道理：有效的激励机制能够增强员工的积极性和主动性。建立这样一个机制，最重要的是要让员工"动"起来，"动"起来的方法有很多种，有效的监督就是其中的一种。

在管理方面，有效的监督不仅是上级肯定下级的一种有效途径，还是上级树立权威的最佳方式。于是，赫勒法则就被广泛地运用在企业管理中。而要实现有效的监督，管理者可以从以下两个方面入手：

1. 自我监督

让员工自我监督是最有效的监督。自我监督的本意是员工自发自愿，自我监督和约束，这是作为管理者最希望看到的。但是基于人之惰性、社会自觉性、文化水平、社会地位与职业的不同，个人的自我监督能力也是不同的。此外，自我监督更多的是靠道德的约束，依靠的是员工的自觉自悟和自我修炼。

2. 外部监督

外部监督主要是组织的监督，在组织内建立一个科学的监督机制。有效的激励机制能够大大地调动员工的工作热情。然而，只有激励是远远不够的，还必须要建立有效的监督机制。当员工知道自己的工作成绩有人检查时，才会竭尽所能地做好一切本职工作。

凡事有利就有弊，上述两种监督也不例外，取长补短，各取所需。因此，作为企业的管理者，要兼顾两种监督机制，在实施过程中把握好某一种监督的权重，适时适度地使用。从个人的角度而言，监督是一种约束，约束着某个人在组织中的行为，是和个人生活中的随意自由相对立的。

有效的监督，不仅是对员工劳动付出的一种尊重，也是对员工工作的一种肯定和激励，所以企业自身要建立起一套完善的监督体制和奖惩制度。总之，有效的监督是一种激励，也是企业发展必不可少的管理手段。